最伟大的基础管理思想

管理其实都是常识

丁云◎编著

北京理工大学出版社
BEIJING INSTITUTE OF TECHNOLOGY PRESS

图书在版编目（CIP）数据

管理其实都是常识：最伟大的基础管理思想 / 丁云编著. —北京：北京理工大学出版社，2012.11

ISBN 978-7-5640-6801-1

Ⅰ.①管… Ⅱ.①丁… Ⅲ.①企业管理 Ⅳ.①F270

中国版本图书馆CIP数据核字（2012）第219561号

出版发行 / 北京理工大学出版社

社　　　址 / 北京市海淀区中关村南大街5号

邮　　　编 / 100081

电　　　话 / （010）68914775（办公室）68944990（批销中心）68911084（读者服务部）

网　　　址 / http：//www.bitpress.com.cn

经　　　销 / 全国各地新华书店

排　　　版 / 博士德

印　　　刷 / 三河市华晨印务有限公司

开　　　本 / 710毫米 × 1000毫米　1/16

印　　　张 / 20.5

字　　　数 / 320千字

版　　　次 / 2012年11月第1版　　2012年11月第1次印刷　　　　责任校对 / 陈玉梅

定　　　价 / 38.00元　　　　　　　　　　　　　　　　　　　　责任印制 / 边心超

图书出现印装质量问题，本社负责调换

在任何一个企业中，领导者首当其冲要学会的就是管理，而他们面对的最大问题是什么？也是管理：企业目标管理、成本管理、组织管理、产品管理、资源管理、人际关系管理、绩效管理、决策管理等等，一个企业管理的好与坏可以说关系到企业的生死存亡。而一个领导者又应该如何让自己成为一个卓有成效的管理者，在自己的领导下，让企业实现利润最大化，让员工将自己的能力与潜力发挥得淋漓尽致呢？这一系列的问题，是每一个领导者都面对的问题。

其实管理这个词语对于我们而言并不陌生，有了人类，可以说就有了管理，只是最初的管理是被动的，并不是为了管理而管理。随着工业革命的发展，公司管理的必要性也就日益凸显出来了。而随着科技与经济的发展，管理学也一步步由无到有，逐渐完整起来。

在企业管理这条道路上，可谓荆棘密布，艰险重重。企业管理者将管理学看得无比神秘与深奥，其实最基础的管理学就在我们的身边，而且触手可及。

科学管理第一人泰勒在工作的工厂中，发现了工人中存在着"磨洋工"的问题。美国社会心理学家马斯洛提出的"需求层次理论"让我们发现这些需求原来就是我们每个人所期望的，如生理需求，这个排在第一位的需求原来就是为了满足我们最基本的需要——填饱肚子活下去，而安全需求、社交需求、尊严需求以及自我实现需求也存在于我们每一个人的生活中，是我们生活的必要条件，由质量管理学家戴明提出的"PDCA"理论可以运用在我们管理中的每一个细节中。

加拿大管理学家明茨伯格提出的"经理人的角色"竟然是我们每位管理者在管理中扮演着的角色；伟大的管理思想家克劳士比所提出的"零缺陷"的要求就是第一次就把事情做对，在产品生产中要做到的是必须没有缺陷，而不是我们所谓的差不多就行。

让我们为之称赞的福特汽车、丰田汽车的管理模式原来并未像我们想象中那样高不可攀。它们其实就是将那些基础的管理常识运用在了实际生产与企业管理中。

这些管理学家所提出的理论为我们的管理学作出了巨大贡献，同样也让许多管理者对管理学望而却步。

让我们的管理者完全没有想到的是，这些管理学以及管理模式让我们觉得神秘的原因，就是我们没有去深究，但当你了解后会发现它们原来浅显易懂。

管理者完全没有必要将管理学看成是一门多么深奥的学问，管理其实就是我们生活中的常识，存在于点点滴滴中。企业的管理者完全可以在平时的管理中将这些管理常识信手拈来，运用得游刃有余，通过管理常识，进行有效管理，从而实现企业利润最大化。

Contents
目录

Part 1
基础理论让你学到杰出管理

Part2
基础理论助你成为伟大领导者

Part 3
基础理论中走出的伟大企业

Part 1

第一部分

基础理论

让你学到杰出管理

弗雷德里克·温斯洛·泰勒：
科学管理

第一节 认识泰勒

泰勒

弗雷德里克·温斯洛·泰勒（Frederick Winslow Taylor），1856年3月20日生于美国费城杰曼顿一个富有的律师家庭中。泰勒被人称为"科学管理之父"，也有人称他为"理性效率的大师"，他是美国古典管理学家、科学管理的主要倡导人，同时也是管理思想发展史中最重要但却最富有争议的人。泰勒的科学管理思想是在一系列科学实验的基础上筑建起来的，并使之成为一门真正的科学。当代许多重要的管理理论都是在泰勒科学管理理论的基础上继承和发展的。泰勒不仅在管理学方面成就显著，他本人还是一位发明家，在技术上有许多发明创造，总共拥有100多项专利权。

泰勒的父亲是一位非常有名望的律师，因此他希望自己的儿子能够子承父业，也能够成为一名优秀的律师，所以很早就将泰勒送到了美国埃克塞特市菲利普斯·埃克塞特学院学习。在学习期间，泰勒的学习热情非常高，经常开夜车，这导致他的眼睛受到了很大的损害。经过泰勒的努力，在1874年，他不负众望考入了哈佛大学法律系，却因此患上了眼疾，最后不得不辍学从工。1875年，泰勒成为了费城恩特普里斯水压工厂的一名学徒，当学徒期间，泰勒深切感受到了工厂中出现的一系列不好的工作状况，如：工人散漫的工作态度、劣质的管理等问题，而正是这些使他认识到了改变管理的重要性。

在1878年的时候，泰勒进入了费城米德维尔钢铁公司（Midvalesteel Works）参加工作，这份工作他一直持续到了1897年。在工作期间，由于泰勒工作努力，表现十分突出，很快就被提升为车间管理员，然后是小组长、工长、技师、制图主任及总工程师。有了这些工作经历，泰勒有了充分的机会去直接了解工人的各种问题以及态度，他也因此看到了提高管理水平具有极大的可能性。1881年，泰勒在米德维尔钢铁公司开始了对劳动时间和工作方法的研究，这些都为他以后创建科学管理打下了基础。1881年下半年，泰勒开始了"金属切割"的科学研究，通过两年初步试验，他为工人量身定做了一套工作量标准，工时研究的开端由此开始。通过业余学习，泰勒于1883年获得了新泽西州霍肯博的史蒂文斯技术学院机械工程学位。同年，泰勒任工长时，发现了一种简单而有效的工时研究方法：使用秒表可以测出机械车间内各种工作的每一部分所需花费的时间，然后把每一部分的时间相加，就可以知道工人完成每一件工作最快需要多少时间。在环境条件许可的情况下，按照此方法，泰勒进行了大约一年左右的实践，终于确认这种方法是成功的，随后专门的工时研究部门便正式建立了。1884年，泰勒出任了米德维尔钢铁公司的总工程师，同时他也走进了婚姻的殿堂。1886年，泰勒加入了美国机械工程师协会。

到1890年，泰勒离开了他工作了12年的地方——米德维尔，就职于费城一家造纸业投资公司，在公司中任总经理一职。在1893年，泰勒不再在投资公司任职，而是选择独立从事工厂管理咨询工作。此后，他在许多公司中都进行过科学管理的实验。通过实验研究，泰勒取得了许多成果，如他在斯蒂尔公司，创立了成本会计法。在西蒙德滚轧机公司，他改革了滚珠轴承的检验程序。

1898年，泰勒成为伯利恒钢铁公司（Bethlehem Steel Company）的顾问，在伯利恒期间，泰勒进行了最有代表的"搬运生铁块试验"以及"铁锹试验"。搬运生铁块试验，是在该公司五座高炉的产品搬运班组中进行的，这个搬运组大约有75名工人。这一研究有效地改进了操作方法，并且训练了工人，所产生的结果使生铁块的搬运量提高了3倍。所说的铁锹试验，就是指在铁锹铲上加上负载以后对其进行系统地研究，具体就是研究各种材料能够达到标准负载时锹的形状、规格，以及各种原料装锹的最好方法。同时泰勒还对每一套动作的精确时间进行了详细的研究，从而得出了一个"一流工人"每天需要完成的工作量。

这一研究取得了非常杰出的成果，堆料场所需要的劳动力由原来的400—600人减少为140人，而平均每人每天的操作量也由原来的16吨提高到了59吨，相应每个工人的日工资也从原来的1.15美元提高到了1.88美元。于是其他人纷纷拜访泰勒，要求他教授方法。泰勒在对车场的工人进行科学的挑选后，大约每四个人当中只有一个人被留下来继续从事生铁搬运工作，同时他也承诺会把其余工人调往更适合于他们能力的岗位上。然而，泰勒的这种做法很快就受到了批评，而且遭到来自管理部门以及伯利恒市民的反对。大家担心，如果继续照泰勒这样干下去，劳动力可能被削减至原来的四分之一，因此泰勒与伯利恒钢铁公司的管理部门发生了激烈的冲突。

在1901年时，泰勒离开了伯利恒钢铁公司。离开伯利恒钢铁公司后，泰勒没有再同任何工业公司来往，他开始从事不收取报酬的管理咨询、写作和演讲工作，以便推广科学管理。1906，泰勒当选为美国机械工程师协会的主席，获得宾夕法尼亚大学名誉科学博士学位。至此，泰勒的名声便传播开了，支持和传播泰勒主义的人越来越多。后来泰勒开始到处旅行，向各种组织发表演讲。1909年冬天，哈佛大学企业管理研究生院院长盖伊邀请泰勒到哈佛讲授科学管理，这项工作一直持续到他去世。

而在1910年，洲际贸易委员会举行了东部铁路公司运费听证会，至此科学管理开始传播开来。1911年，陆军军械部部长克罗泽对泰勒给予了极大的支持，在他的支持下，泰勒的科学管理实验在马萨诸塞的沃特顿兵工厂和伊利诺斯的罗克艾兰兵工厂如火如荼地开展了。

1915年，泰勒在费城逝世。当时的泰勒是带着郁闷的心情离开这个世界的。他生前倾其毕生精力所研究的科学管理原理和方法，由于受到人们的曲解而在推行时举步维艰。在国会听证会上，国会议员和调查人员对泰勒进行了无休止的盘问，而其中几次发生的针对推行泰勒制的工人罢工风潮，更是伤透了这位骨子里同情工人并付出了艰巨劳动的思想者的心。为了排除人们的对科学管理的疑虑，这位不善言辞的人屡屡长途跋涉，为他的理论和方法进行说明与辩护。而泰勒在一次外出发表演讲的归途中，在通风的卧铺车厢感染了肺炎，不久被夺去了生命，时年59岁。

泰勒一生致力于科学管理，后被人们尊称为"科学管理之父"，他的存在影响了流水线生产方式产生，他是被社会主义伟大导师列宁推崇备至的人，他是一个影响了人类工业化进程的人。

泰勒的主要著作

《计件工资制》，1895年发表于美国机械工程师协会。

《工厂管理》，1903年正式出版。同年，《车间管理》在美国机械工程师协会的年会上得到宣讲。

《论金属切削技术》与《大学和工厂中纪律和方法的比较》，1906年正式出版。

《制造业者为什么不喜欢大学生》，1909年发表。同年，泰勒在伊利诺斯大学演讲了《论成功之道》。

《效率的福音》，1911年发表。同年正式出版著名代表作《科学管理原理》。

《在美国国会听证会上的证词》，1912年正式出版。

在上述的文献中：《计件工资制》、《工厂管理》、《科学管理原理》和《在美国国会听证会上的证词》四部文献都产生了相当大的影响。

在《计件工资制》中，泰勒实质上是主张最良好的管理制度应该是以科学的工时研究作为基础的。泰勒指出了计日工资制与普通计件工资制以及"汤—哈尔西方案"等一些常用的工资制度在应用中所存在的问题，随之介绍了其在米德维尔钢铁公司所实施的一种新的管理制度。

在《工厂管理》中，泰勒倡导把"高工资和低劳动成本"作为最良好的管理制度的基础，指出了在最困难的环境下有可能保持着两个条件的一般原则，并说明他认为把不良的管理制度转变为良好的管理类型所应当采取的各步骤。

在《科学管理原理》中，泰勒阐述了他的一些观点。第一，管理的主要目的，应该是使雇主实现最大限度的利益，同时也使每个雇员实现最大限度的利益。第二，为了实现这一目的，需要遵循若干基本原则。第三，科学管理是诸种要素而不是个别要素的结合，可概括为：A.科学，不单单是凭借经验的方法；B.协调，不是不和；C.合作，不是个人主义；D.最高的产量，取代有限的产量；E.充分发挥每个人的最高效率，以便实现利益的最大化。

在《在美国国会听证会上的证词》中，详细记录了泰勒在1911年10月至1912年2月期间在美国过会听证会上的证词。在会上，泰勒详细地阐述了科学管理的发展历程与科学管理的主要特征。

第二节 科学管理原理的内容

泰勒的科学管理原理主要包含了以下几方面内容：

1.通过制定科学的日工作标准方法来提高工作效率

在泰勒看来，科学管理的中心问题就是提高效率。他在《科学管理原理》一书中指出：文明国家和不文明国家的根本区别是以人的生产率的巨大增长这一事实为标志的。正是由于生产力的增长才使得当今的劳动人民可以生活得像几百年前的国王一样好，总的来说可能更加舒服。其原因正是由于一件事，那就是产量增加了。由此我们可以看出，生产率的提高被泰勒摆到一个很重要的位置。他还曾说道："科学管理的根本也就如此，科学管理就像节省劳动的机器一样，其目的正是为了提高每一位劳动者的生产效率。"

在泰勒当工人期间，他看到工人中存在很严重的"磨洋工"现象。他认为，之所以会出现这种"磨洋工"现象，主要是由于管理当局缺乏科学的日工作标准。管理者凭借自己的经验和主观意识随意确定了工人每天应该干多少工作，当工人为了挣取更多工资而努力工作时，管理者就开始提高工人的工作标准。这时，"磨洋工"的现象便产生了，工人通过这种方式来保护自己的利益。因此，为了能够充分调动工人们的积极性，管理者应该给工人制定出具有科学依据的适合他们能力范围之内的"合理的日工作量"。

泰勒认为，进行工时和动作研究，是我们制定出有科学依据的、适合工人的"合理的日工作量"的必经之路。而我们采用的方法就是选择合适且技术熟练的工人，记录下来他们的每一项动作、每一道工序所使用的时间以及加上必要的休息时间和其他的延误时间，就可以得出完成该项工作所需要的总时间，依据这个结果我们可以定出一个工人"合理的日工作量"，这就是所谓工作定额原理。

因此，泰勒进行了有名的搬运生铁的试验。该试验是在伯利恒钢铁公司进行的。

公司中有75名工人的工作是负责把92磅重的生铁块搬到30远铁路货车上，他们平均每天搬运12.5吨，日工资为1.15美元。泰勒找了一名工人进行实验，研究的内容包括工人各种搬运的姿势，行走的速度，持握的位置对搬运量的影响，多长的休息时间为好，等等。

经过泰勒的研究分析，确定了装运生铁块的最佳方法，同时算出了57%的时间要用于休息，这个方法使每个工人的日搬运量达到47—48吨，同时工人的工资收入也相应有了提高，日工资达到了1.85美元。这个试验使得工人的劳动生产率提高了3.8倍。

2.选择一流工人来提高生产率

为了能够更好地提高生产率，我们必须要选择一流的工人，让他们的能力与工作相适应。泰勒曾在其著名的《在美国国会听证会上的证词》中说："我认为能够工作但不想工作的人不能成为第一流的工人。"他认为"每一类型的工人都能找到某些工作，使他成为第一流的工人，除了那些完全能做但不想做的工人"。也就是说每个人都具有不同的工作天赋与才能，只要工作对他适合他就是第一流的工人。而泰勒在制定工作定额时也是以在不损害第一流的工人的健康的情况下为标准的。

培训第一流的工人就是领导层的责任了。企业管理当局的责任在于为雇员找到最适合的工作，培训他们成为第一流的工人，激励他们尽最大努力工作，同时健全的人事管理制度的基本原则。总之，泰勒的基本观点就是第一流的工人是适合而且愿意工作的工人，其责任在于管理者。

3.采用标准化的操作方法来提高劳动生产率

除了制定具有科学依据的"合理的日工作量"来提高生产率外，我们还必须让工人采用标准化的操作方法来提高生产率。如使用标准化的工作、标准化的材料和机器、标准化的工作环境等等，这也就是所谓的标准化原理。泰勒认为，应该使用科学的方法对工人的操作工具、操作方法、劳动和休息时间的搭配、机器的安排使用以及工作环境的布置等进行分析研究，从而消除那些影响劳动效率的不合理因素；将各种好的、有利于生产的因素集合起来，形成最好的生产方法，将这个方法标准化。这也是管理当局的首要职责。

为证明这一观点，泰勒做了另一项著名的试验——铁锹试验。该试验也是在伯利恒钢铁公司进行的。

当时公司的铲运工人拿着各式各样、大小不等的铁锹上班，燃料场里的有不同的物料，有铁矿石、煤粉、焦炭等，而每个工人的日工作量为16吨。

泰勒经过观察，发现由于每个铁锹的形状和大小不一导致铁锹的负载大不一样，同时物料的比重也不一样，如果是铁矿石的话，一铁锹有38磅；如果换成是煤粉的话，一铁锹只有3.5磅。到底一铁锹多大的负载才是最理想的呢？经过试验最后确定对工人是最适宜的标准是一铁锹21磅。

4.实施刺激性的计件工资报酬制度

为了能够提高工人的积极性，鼓励工人完成日工作定额。泰勒提出实施刺激性的计件工资报酬制度。造成工人"磨洋工"现象的原因，除了没有合理的日工作量外，还有一个原因就是没有合理的分配制度。泰勒认为："普通的计件工资制度引起的雇主与工人之间的永久性敌对情绪，对每一个达到高效率的工人都是一种惩罚。这种制度严重地破坏了工人的士气。在这种工资制度之下，就是好的工人也被迫弄虚作假，拼命地同雇主的迫害作斗争。"

因此，泰勒提出了计件工资报酬制度，这一制度包括三方面的内容：

（1）通过工时分析与研究，制定出一个合理的定额标准，并由定额制定部门以科学实验和计算为依据设计各种工作，分解出各项要素，为每一要素制定出定额。

（2）采用"差别计件工资制"的刺激性付酬制度。也就是说每项工作都有了定额，然后公认的工资按照完成的定额情况浮动，如果工人完成或超过定额就按高工资率付酬，否则就按低工资率付，这就是"差别计件工资制"。另外工人无论工作量的大小、完成效率的高低，都有一个保证的日工资，叫做"任务和奖金工资制"，如果超额完成，就可以得到一定比例的奖金。

（3）工资支付对象是工人而非职位。就是管理当局应根据工人的效率高低和工人的表现支付工资，而不应该根据工人的职位和类别来制定工资额，这一规定可以提高工人工作的积极性，从而避免了"磨洋工"现象，又有利于提高劳动生产率。

5. 把计划职能与执行职能分开，将经验工作法改为科学工作法

泰勒认为："管理者与工人的工作和职责几乎是均分的。管理者应该承担起那些自身比工人更能够胜任的工作，而在过去，管理者几乎把所有的工作以及大部分的职责都推给了工人。"也就是说，在过去，管理都是计划和执行不分的，并且一切都是凭经验而定。泰勒主张应该明确将计划职能和执行职能划分开，也就是由专门的计划部门来进行调查研究，制定合理定额，规定科学操作方法，制订计划并传达指示和命令，并根据实际的情况和标准进行有效的操控。

至于现场工人，则从事执行的职能，即按照计划部门制定的操作方法和指示，使用规定的标准工具执行实际的动作。

6.实行"职能工长制"

泰勒所主张实行的职能工长制实际就是主张实行"职能管理"，这一主张将会涉及组织形式和结构问题。也就是要将管理工作予以细分，使所有的管理者只承担一种管理职能。他曾经设置了八个职能工长，由这八个职能工长来代替原来的一个工长，其中四个被安排在计

划部门，四个安排在车间。每个职能工长都会负责某一方面的工作。在他们职能范围内，他们可以直接向工人发出命令。他认为这种"职能工长制"有三个优点：第一，这样对管理者的培训花费的时间较少；第二，由于管理者的职责明确，从而提高了效率；第三，管理分成计划部门和专门管理部门进行。也就是生产计划已由计划部门拟定，工具与操作方法也已标准化，车间现场指挥监督的工作由职能工长进行，非熟练技术的工人也可以从事较复杂的工作，这一系列都将降低整个企业的生产费用。

但是在后来的执行中，我们也发现了它的弊端，后来推行中出现的现象表明，当一个工人同时接受几个职能工长的多头领导时，容易引发混乱。所以，"职能工长制"没有得到推广。但是泰勒的这种职能管理思想仍然为以后职能部门的建立和管理的专业化提供了许多参考。

7.例外原则

在泰勒看来，规模较大的企业，不能单单依据职能原则来管理，还需要采用例外原则。也就是指，企业的高级管理人员应该把一般的日常事务交由下级管理人员去处理，而企业的高级领导应该考虑企业的重大决策问题，自己只保留对例外事项上的决定权和监督权。

8.雇主和工人之间必须进行一次"精神革命"

雇主和工人都应该清楚地认识到提高生产率是对他们双方都有利的一项工作，他们应该清楚地知道他们的利益是一致的。雇主关心的是低成本，而工人关心的是高工资，只有劳动生产率提高了，才能双方获利，这就是双方进行"精神革命"并达到合作与协调的基础。

TIPS 小贴士

正像1912年泰勒在美国众议院特别委员会听证会上所作的证词中强调的，科学管理是一场重要的精神革命，每个人都要对工作、对同事建立起责任观念；每个人都要有很强的敬业心和事业心。这样雇主和雇员都把注意力从利润分配转移到增加利润总量上来，其实质相当于今天所说的"将蛋糕做大，然后大家都能多分一点"。

第三节 科学管理原理的影响

科学管理原理对管理思想和管理实践有着极其深远的影响，其影响主要体现在以下几个方面：

1.科学代替经验

科学管理原理对管理思想和管理实践的第一个深远影响就在于，科学的研究方法被第一次深入而系统地引入到了管理领域。《科学管理原理》的出版，标志着企业管理将由原来的"经验管理"时代跨进科学管理的时代。

在经验管理的时代，单凭个人经验做事的方式使得工人在很多情况下根本不会按照科学的规律去干活，这导致工人们浪费了很多的劳动力。那时一直采用学徒制的方式来培训工人，工人们都是自己挑选工作和师傅，这在很大程度上限制了工人的优势。在这个阶段由于企业管理的混乱、不科学，"磨洋工"的现象在很多企业中都存在，使得企业的生产率低下。

而随着泰勒科学管理的提出，科学管理开始代替经验管理。企业在管理上有了明显的改善。主要体现在科学的工时研究这一点上。这一点要求对工人完成一件工作所需要的工时、所使用的工作、所进行的动作、所采取的方式都进行科学的研究，对一流工人的工作方法、工作时所使用的工具等加以收集、整理、分析，消除影响工作效率的不良因素，在此基础上总结出具有科学依据的适合工人的工作方式、生产工具等。

在科学的工时研究的基础上，科学地挑选一流工人，并加以培训。一方面，依据科学的工时研究可以得出某一工种所需要的具体的工人的条件，然后通过细致地观察和分析出每一名工人的性格特点、兴趣爱好、智力水平和工作表现等，从而判断该工人是否适合他现在所从事的工作。这种科学的方式，在一定程度上可以避免工人从事与他不相适宜的工作。另一方面，科学的工时研究使得构成某一工作的动作基础的科学和规律全部显性化，并把这些科学和规律转化为一系列非常具体的操作要求。而工人们其实根本不需要理解这些科学知识，他们只需在经过系统培训的班组长、速度管理员、修配管理员以及检验员四位职能工长的帮助下，就能够熟练地按照具体的操作要求完成工作。

在科学管理中，首先，我们可以根据科学的工时研究结果把一件工作细分为若干项基本动作；其次，计算出每一项基本动作所需耗用的时间（包括必要的休息和耽搁时间）可以得出工人完成一件工作的总工时；既而，根据这个工时，我们可以制定出一个具有科学依据的工人在一个完整的工作日中的合理工作定额。相比经验管理阶段，科学取代了经验判断，不会再存在管理者对工人完成一件工作的工时一无所知的情况，现在他们则可以有效地激励工人尽其最大的能力工作。

通过以上分析我们可以看到，泰勒的科学管理理论已使得企业管理经由漫长的经验管理时代跨入了科学管理时代，主要表现为科学的工时研究取代了单凭个人经验做事的方式；工人自己挑选工作已被科学地挑选工人所取代；学徒制由科学地培训工人所取代；经验判断被科学的制定工作定额所取代。

2.标准化管理思想的形成

将标准化的思想引入企业管理领域是泰勒的科学管理原理对管理思想的发展和管理实践所作出的一个重要贡献，使得工作效率有了很大的提高。

在科学管理阶段，标准化的出现取代了在经验管理阶段每个工人按照自己的经验随意做事的方式，而开始按照标准的工作定额，采用标准的工作模式，使用标准的工具、设备，创造了标准的工作环境等。

泰勒的标准化管理思想对企业的管理实践产生了重大的影响。最具有代表性的一个案例是美国福特公司的生产流水线。福特公司在1914年设计生产流水线时，将泰勒的标准化思想引入其中。其公司的流水线在泰勒的科学动作研究的基础上发展而来，公司明确规定了各工序的标准时间定额，进行了五项标准化工作：第一，作业专门化，就是将原本复杂的动作分解成简单的几个动作，不同的工人专门反复重复一个动作，这样做的好处就是可以让工人在简单反复的重复工作中加快速度，提高效率，同时降低了人工成本。第二，工厂专业化，就是将每种不同的零件分发到不同的工作车间去生产，这样便可以形成批量生产。第三，产品标准化，做法是减少产品的类型，从而提实行大量的流水线生产，以便提高产量。第四，零件规格化，也就是说，将所有的规格统一，这样的优势在于可以提高零件的通用性和互换性，增加产品的销路，提高企业的盈利水平。第五，生产机器的专业化，这一做法的目的就是可以提高产品的质量，降低不必要的材料损耗，从而更好地控制成本。这一系列改革，使得福特公司的制造成本降低，推动了汽车的销路，但是销售价格却降低了。

无规矩不成方圆。企业在管理中也是如此，企业只有在标准化的管理下开展每一项工作，才能实现效益的最大化。

3.胜任的个人被体制所取代

泰勒在《科学管理原理》一书中说道："过去，人是第一位的；将来，体制必须是第一位的。"这是泰勒对管理思想的发展和管理实践作出的又一个重要贡献。他批判了把企业将"胜任的个人"视为提升效率第一要素的观点。

在过去，企业都认为只要能够拥有一个伟大人物，那么企业就可以走向辉煌之路，这种做法是治标不治本，无法从根本上解决企业生产效率低下的问题。在科学管理中，泰勒将体制看做企业提高效率的第一要素，但他并没有完全否定胜任的个人价值。在泰勒看来，从长远发展的角度，一批经过适当组织而能有效协作的普通人对企业的发展比去物色一个能力非凡、完全胜任的人更能起到作用。

这一点，我们可以从组织结构、薪酬系统以及信息系统三个方面来说明企业的体制。

（1）组织结构。在科学管理中，纵观，车间主任、副车间主任、高级职能工长、职能工长和工人组成了一个车间管理层级；横观，在职能工长这一层，管理活动在横向上出现了专业分工，细分出了生产计划、原料采购、质量检验、设备维修、工时研究等众多的管理工作，并且都有专门的管理人员负责。而这些将组成一个可以相互协调、积极配合的组织，而所有的这些也为提高生产率提供了充分的条件。

（2）薪酬系统。科学管理中，泰勒倡导科学地制定具有科学依据的工作定额方法和差别计件薪酬制，这个方法和制度也同样在一定程度上为提升企业生产效率提供了重要条件，因为这既可以鼓励和吸引优秀的工人尝试从事这一工作，同时也可以剔除不合格的工人。

（3）信息系统。科学管理中，信息系统同样发挥着重要的作用，表现在以下两个方面：其一，职能工长有效地向工人传递了信息。如：工序和路线调度员在计划室内可以通过书面文件的形式向所有工人发出具体的生产操作指示，工人在看到这些书面文件后，就知道要做什么和应该如何做。其二，工人为职能工长提供了有效的数据信息。如：职能工长在工人完成工作之后需要向其收取有关报表，报表中的所有数据都完全可以直接由工人来提供。

4.管理组织形态的升级

这一贡献推动了体力劳动和脑力劳动的进一步分离，同时划分出了计划职能和执行职能，将管理层和执行层分别开来，使得工作职责更加明确。涉及脑力劳动的工作都从车间中分离出来，改为集中由专门设立的计划部门承担，计划部门主要由工序和路线调度员、工时和成本管理员、车间纪律检查员等职能管理员构成，他们在各自的职位上分别代表计划部门与所有工人和其他职能工长发生联系，负责整个车间的日常性生产经营管理工作。执行职能部门由现场职能工长承担，工人仅仅负责实际的生产操作。

第四节 科学管理理论的实际运用

在杜邦和通用汽车公司的发展过程中，科学管理的思想得到了应用。泰勒着重强调的一件事是制造业生产中的成本核算和管理技术，他在钢铁发动机公司和杜邦火药公司都建立了这方面的制度。

杜邦火药公司在1902年时由杜邦家族控股，并由其改建为一家大企业。杜邦家族，尤其是作为总裁的皮埃尔极力发展泰勒关于成本核算的思想，将其包括在总的经营效益的措施当中，而不单是指生产效益。

早在1903年，杜邦火药公司就开始将"投资收益"作为组织效益的一种措施，这显然是最早对这种重要的管理工具的利用。人们认为是皮埃尔采取了使杜邦公司变为一个高效率组织机构所必需的财务、经营和管理方法。

皮埃尔手下还有位关键人物，他是总经理汉密尔顿·麦克法兰·巴克斯代尔。他很重视人的因素，并在1910年挑选人员时对其进行了心理测试。他还最早区分了家族和职工的任务，最早为公司制定了统一的目标和方针，首创了权力分散的观念，并培养了管理人才。

杜邦在组织方面所遗留下来的一种精神当时被传到了正在建立的通用汽车公司。由于杜邦为财政困难的通用汽车公司投了一笔资金，临近退休的皮埃尔出任通用汽车公司总裁。皮埃尔作出了一个有关人事方面的重要决定：他于1923年提拔艾尔弗雷德·小斯隆任总裁，让他作为自己的继承人。

小斯隆提出了分散管理和经营、集中监督和检查的想法。通过分散经营和集中地协调监督的方法，通用汽车公司的各个部门都能为共同的目标工作。公司建立了这种多部门结构，组织机构的各单位可以顺利发展，无须因职能关系而做许多组织方面的工作。将分散管理的想法落实到产品部门，是利用了唐纳森·布朗（杜邦公司的另一位智囊人士）的ROI公式。各部门或单位会被注入一定的资金投资，然后根据投资收益率来计算和监督业绩。其结果会是所做的工作同获得的成果之间是一种相互依赖的关系，使集中管理者得以判断和对比各产品部门的效果。

皮埃尔从泰勒那儿了解到建立一种进行组织和管理监督的合理依据。他在组建杜邦时应用了这些方法，在组建通用时同样如此，他还通过小斯隆用这些方法赶上了福特汽车公司。皮埃尔、巴克斯代尔、小斯隆等人都是首创现代企业观念并将其变为现实的主要人物。

亨利·法约尔：

管理的职能

第一节　了解法约尔

法约尔

亨利·法约尔（1841—1925），是法国在西方古典管理理论方面的杰出代表，他是欧洲在经营管理思想方面一位杰出的思想家。1841年，在法国一个资产阶级家庭里，亨利·法约尔出生了，他同马克斯·韦伯、弗雷德里克·温斯洛·泰勒并称为西方古典管理理论的三位先驱，并被尊称为管理过程学派的开山鼻祖。

1856—1858年期间，法约尔在里昂公立中等学校就读，1858—1860年期间，他在圣艾蒂安国立矿业学院进行学习。1860年从矿业学校毕业后，他进入高芒特里-福尔尚布德矿井担任工程师，并充分显示出了他的管理才能。由于他勤奋好学，才华出众，很快就被提升为了矿井经理一职。1888年，法约尔被任命为该公司的总经理，这时公司的财务状况十分困难，公司几乎面临破产的境地。到了1918年，法约尔77岁退休时，公司的财务状况可以说是已经起死回生并且已极为良好。

通过法约尔的工作经历，我们可以将法约尔的一生分为四个阶段：

第一阶段，初入管理层，1860—1872年。在这十二年中，法约尔是一名基层的管理人员和技术人员，主要负责的是采矿工程的工作，主要工作是防止火灾等危险事情的发生。工作至1866年，法约尔被任命为高芒特里-福尔尚布德矿井的矿长。

第二阶段，提升经理，1872—1888年。这一阶段，法约尔被提升为经理，开始领导、管理一批矿井。他的工作使他重在考虑决定矿井经济情况的因素，因此，他就不能单单从技术层面出发考虑问题，需要从管理层面开始计划矿井的开发、发展等问题，这促使了他对管理方面内容的研究。

第三阶段，正式步入管理层，1888—1918年。1888年，法约尔被任命为公司的总经理，而此时，公司也正处于破产的边缘时期。法约尔上任后，按照自己对于管理思想和理论的研究对公司进行了整顿改革。他首先关闭了一些经济效益不好的冶金厂，然后吸收资源丰富的新矿来代替那些已经资源枯竭的旧矿。1891年他吸收了布列萨克矿井；1892年，德卡斯维尔的矿井及工厂被法约尔吸收并将其新的联合公司命名为康曼包公司；1900年，他吸收了东部煤区的朱得莱维尔矿井。在克服了重重困难后，他终于将原来濒临破产的公司拉了回来，并通过一系列的改革与整顿，将公司治理得欣欣向荣。在第一次世界大战期间，法约尔所领导的公司为战争提供了大量的资源。同时法约尔还为公司培养了一批在管理和技术上都处于顶端的骨干力量。至77岁，法约尔退休那年，公司已经在经济上立于不败之地，至今仍然是法国中部最大的采矿和冶金集团的一部分。

第四阶段，管理之成就，1918—1925年。在担任总经理期间，法约尔便开始了管理方面的研究。1900年，他向"矿业和冶金协会"的会议提交了他所撰写的论行政管理的论文，论文中系统地阐述了他的行政管理思想。在1908年的矿业学会五十周年大会上，他提交了论文《论管理的一般原则》，并于1916年，在矿业学会公报上，发表了其著名的管理代表作《工业管理与一般管理》。自1918年退休到1925年的这段期间，法约尔一直投身于普及自己的管理理论。同时他对法国的邮政、烟草专卖等机构的管理现状进行了研究。这期间，他主要从事两项工作，第一项是创办了一个管理学研究中心，这一中心的成立对法国企业、陆军以及海军的管理都有着非常大的影响。法约尔亲自在海军经理学校、陆军大学等学校进行管理理论的教学。该中心每周会举行一次有作家、社会活动家、工程师、政府官员以及实业等人士参加的会议。而法约尔的一些著名的著作也是在这一阶段以及这一会议上形成的。第二项工作则是试图说服政府加强对管理原则的重视。法约尔《论邮电部门行政改革》的小册子于1921年出版，同年他还在《政治与国会评论上》上发表了一篇重要的论文：《国家在管理上的无能》。1923年在布鲁塞尔举行第二次国际管理科学会议，法约尔是这次会议的领导者之一。1924年，在国际联盟代表大会期间，他接受了邀请，向日内瓦国际大学联合会发表了题为"管理要义的重要性"的演说。

通过法约尔的一生经历我们可以看到，他同泰勒一样，也是通过实践经验获取理论基础，在实践中总结管理理论的。但是他们的不同点在于，泰勒是以工人的身份进入工场，更多的是从事工程技术工作，注重研究的是工人的工作效率的提高。而法约尔曾有过长达30年的担任总经理的经验，他是以一个总经理的角色进入，是从管理层的思维出发，是以公司整体作为一个研究对象，创立了他的一般管理理论的。**法约尔被后人称为"一般管理理论之父"。**

法约尔的主要著作及其荣誉

1866年，《论采矿工程的技术性》著作发表于《矿业学会公报》。

1888年，授荣誉团骑士爵位。

1908年，《论管理的一般原则》文章为矿业学会五十周年大会所作。

1913年，授荣誉团军官爵位。

1916年，《工业管理与一般管理》著作发表于《矿业学会公报》。

1917年，《管理职能在指导营业中的重要性》文章为全国工业促进会所作。

1918年，《论工业的积极管理》载于《现代技术》。

1921年，出版《论邮电部门行政改革》的小册子，同年在《政治与国会评论》上发表重要论文《国家在管理上的无能》。

1923年，《国家管理理论》提交于第二届国际管理科学会议论文。

其所获学术荣誉奖：法国科学院得雷塞奖章；全国工业促进会金质奖；矿业学会金质奖与荣誉奖。

其主要代表作《工业管理与一般管理》的出版标志着一般管理理论的形成，是一本划时代的著作。此书中所提出的管理五职能说和管理的十四条原则在我们平时的管理中也是常见的，所以这是一本贴近我们身边的读本。在西方管理学中，此书也享有很高的评价。

法约尔对法国以及其他许多欧洲国家管理思想的影响，可以说是相当于泰勒在美国的影响。因此，继泰勒之后，人们将法约尔的一般管理理论誉为管理史上的第二座丰碑。

第二节 管理的职能——五职能说

五职能说的提出

1916年，在矿业学会公报上发表的著名管理代表作《工业管理与一般管理》一书中，法约尔提出了管理要素或者可以说是管理职能理论，其管理思想主要体现在他所提出的管理五要素和十四原则中。

法约尔将管理活动分为了计划、组织、指挥、协调与控制，我们将其称为管理五要素，也可以将其称之为五职能说。法约尔提出五项管理职能的任何一项都不可能脱离其他各项单独存在。而当每一个计划目标实现的时候，便会又开始一个新的管理目标从而形成一个新的管理过程。由此可见，管理是一个以计划为中心，各个职能之间相互交错发挥作用，不断往复循环的过程。至今，这五大管理职能说仍为大多数管理学教科书所采用，法约尔在一般理论中对各项管理职能的分析以及解说已成为管理组织论的奠基石。

五职能说的内容

在法约尔看来，管理就是实施计划、组织、指挥、协调和控制的过程。

1. 计划

计划就是规划未来，制定出行动方案，是管理的一个首要职能。企业依据自身所具有的资源、本身的业务性质以及未来的一个发展趋势，制定出利于企业发展的一个具体的方案以及实现这个方案所要实施的具体措施。

制订一个行动计划，所依据的第一点则是企业的资源。第二点是企业所具有的业务性质。第三点是企业所无法预料的一个未来发展趋势。

对于所制订的计划，法约尔提出了此计划应该具有以下几个特点：①具有统一性，也就是说每一项活动不仅仅要有总计划，还应该要有具体实施的计划。②具有连续性。③具有灵活性，即一个计划应该可以游刃有余地应付发生的意外事件。④具有精确性。同时他还认为一个好的计划的制订者应该具备管理艺术、勇气、积极性等才能和条件。此外，法约尔还建议企业制订一系列的计划，制订相应的长期计划，他的长期计划思想的提出对管理学可以说是一个杰出的贡献。

2. 组织

法约尔将组织理解为一个为企业提供一切所需原料、工具、资金、人员等东西的一个双重结构。包括了组织体系、活动内容、规章制度以及职工的选拔、任用、培训等，可以将其分解为组织管理与人力资源的管理，在企业中，我们则可以将其分为物与社会的组织，法约尔指出，管理部门的主要任务就是设法使物资和人员的组织符合企业的目标、资源需求等。

在组织结构中，社会组织的需要完成以下任务：注意行动计划是否已经过了仔细考量，并进行了充分的准备，同时得以坚决执行；建立了一元化的、有能力且强大的领导；作出了明确、清晰、准确的决策；对所做的工作给予了公平且合理的薪酬；对于过失、错误进行了相应的惩罚，等等。

组织结构的安排必须做到能够保证公司在实现目标时能进行统一的领导。通过适当的结构明确工作职责，适当的组织结构，既可以确保控制，又不会出现过多的条例与控制公文。但是，我们需要注意的是，组织结构不能以自身为目的，必须要同组织的需求相适应。因此，组织结构的目标一定是同企业的目标、资源以及需求相一致的。

对于存在组织中的管理人员，法约尔凭借自己多年的管理经验提出了一些自己的看法：①挑选人员是一个通过发现人员的品质和知识，来填补组织中各级职位的过程。②之所以会产生不良挑选的原因是与雇员的地位相关的。法约尔认为，所要填补的职位越高，则挑选时所用的时间就越长，挑选时要以人的品质为基础。

3. 指挥

作为管理的第三要素，指挥是指一种以某些个人品质和对管理的一般原则了解为基础的艺术。简单说，就是在社会组织建立之后，通过指挥使其每个人都发挥作用。指挥的实际目的在于根据企业的利益，使每一位员工都作出最大的贡献。

法约尔提出了指挥人员所必须具有的八点要求：①对自己的员工应该有着深入、透彻的了解。②淘汰那些没有工作能力的员工。③好好制定并深入了解企业与员工之间的协定。④对组织进行定期的检查并做好相关的一览表。⑤作为一名领导，应该做好表率作用。⑥做好相关工作的安排，不要让自己陷于一些无谓的琐事之中。⑦能够有效地发挥会议及其报告的作用，对下属进行统一的指挥，集中解决问题。⑧能够在员工中创造高度团结、忠诚、积极、创新的精神。

4. 协调

法约尔将其看做一个单独的因素存在，意思是指"要使一家企业的活动协调一致，从而促进企业的工作和加速它的成功"。我们可以理解为协调也就是让企业一切工作都有序和谐，使企业的经营能够顺利进行，并且通过这些配合使企业可以更快的迈向成功。其实协调还具有另外一种功能，这另一种功能就是使职能的社会组织机构和物质组织机构之间保存一定的比例。这个比例保证每个机构高效、保质保量完成任务，总之，协调的目的是为了事情和行为都有一个合适的比例。如果在企业中各项工作都是协调配合的，就会出现以下效果：①各个部门之间的工作步调都是一致的。如供给部门知道应该在什么时候给予什么供给；维修部门可以保证所有的设备处于良好的工作状态；财务部门明确自己在何时提供所需的资金；生产部门知道自己部门有着什么样的生产目标等。②各部门及所属各分部的计划，应经常随着情况的变动而调整。③每个部门内部，以及每个部门、分部及所属单位之间，能够很清楚地了解在完成共同任务时应该承担哪些工作，并且可以很好地相互配合。

5. 控制

这一要素是指要检验所进行的每项工作是否与所制订的方案、计划相符合，其目的在于及时地找出工作中的缺点与错误，以便纠正同时避免重复发生。因此，对人、物以及各项目标、活动我们都应该进行控制，控制应该涉及企业的一切方面。

　　控制对其他四要素也起着有效的作用，通过控制我们可以制订出更好的计划，使组织结构得到简化和加强，提高指挥的效果，促进协调。由于控制作用于各种性质的工作和各级工作人员，所以控制有许多不同的方法，像管理的预测、组织指挥和协调一样，控制这一要素在具体执行时总是需要有持久的专心工作精神和较高的艺术。

第三节 计划

计划是管理五职能说的第一要素，法约尔对此十分强调，因为它规定的是企业未来发展的方向和脉络。企业依据自身所具有的资源、本身的业务性质以及未来的一个发展趋势，制定出利于企业发展的一个具体的方案以及实现这个方案所要实施的具体措施。

计划工作存在于许多场合，同时可以采用不同的方法。行动计划是其最主要的表现、最明显的标志以及最有效的工具。它不仅指出将要达到的结果，所采取的手段，所经过的阶段以及将会遵循的行动路线，还为我们展现出一种未来前景，而在这一段未来前景中包括了企业发展的预测与准备。

1.行动计划制订的依据

一个行动计划制订的根据包括以下三方面：①企业的资源，如企业的资金、工具、人员、厂房、生产能力、销售渠道等。②企业所经营业务的性质及重要性。③企业的一个未来发展趋势。这一趋势取决于技术、财政等条件的支持，而这些都是在不断变化的。

制订一个行动计划可以说是企业中最重要的工作之一。因为一个行动计划的制订将涉及企业的每个部门以及所有的职能，尤其是管理职能。而作为一个领导者，主动制订行动计划，是管理者的职责。为了制订一个好的行动计划，这就需要企业的领导者及其助手不仅要具备各种技术的、财政的以及商业的能力，还必须具有可靠的管理能力。

2.一个好的行动计划所具有的特征

人们已经清楚地认识到，如果没有计划，那就会导致行动没有目的，或者行动中不知该采用何种手段，遵循何种路线，这些都会导致对行动的无所适从、企业的灭亡。因此，不会有人怀疑提出行动计划的必要性。但是不同的人、不同的企业所提出的计划也不同，有长期的计划，短期的计划，详细的计划，周密的计划，简单的计划，这是这些计划都有好坏之分，如何区别一个计划的好与坏呢，我们将好的计划总结出以下几点：

（1）统一性。我们不难发现又是一个计划可以分成几个部分。例如，在大型企业中，会有一个企业发展的总计划，这个企业所具有的不同的部门则会有着不同的计划，如技术部有个技术计划，销售部有销售计划，财务部会有财务计划等。但是无论各个部门有着哪些计划，这些计划的出发点都是围绕企业的总计划而产生的，并且各个计划之间也是相互联系、相互结合的，其本身是一个整体，而不是独立存在的。当其中某一个计划发生改变时，都应该在总计划中得到明确阐述。

（2）持续性。企业是作为一个持续经营的实体存在的，因此，计划的指导作用也应该是持续不断的。为了确保其指导作用不会中断，所制订的计划也应该是连续的，第二个计划紧随着第一个计划，下一个计划不间断地接着上一个计划。

在一个大企业中，经常都会采用年度计划，一年的，五年的甚至是更长期的。法约尔强调制订长期计划，面对不断剧烈变化的环境，计划只能显得更为关键，由于许多企业缺乏战略管理的思维，很少考虑长期发展，没有制定长期规划，其结果多为短期行为，因此丧失了长远发展的后劲，而埋下无法稳定发展的隐患。但是无论是长期计划还为短期计划，这些计划都应该是紧密配合、没有中断的。

（3）灵活性。在企业中，存在着许多不确定因素，这就要求计划应该可以顺应人们的认识进行适当的调整。比如，当资金链突然中断，一时无法满足企业目前计划的发展时，我们则需要面对此时所面临的现状做出有效判断，制订出符合现代企业正常运行的计划。诸如此类的调整由于环境的压力或者其他某些原因成为了必要，这就要求我们所制订出的计划具有一定的灵活性。

（4）精确性。这一特征是要求计划在那些影响企业命运的未知因素所能允许的范围内力求要有最大的精确性。通常情况下，人们会以一个相当大的精确度拟定近期的管理路线，而以一个简单的计划来规定遥远的未来的活动。因为在这些行动还没有得到执行以前，人们会通过将会获得的一些新情况用以更精确地确定管理路线。但是，如果未知的因素占了绝大比例，那这个计划的精确性也将随之降低，企业只能从事冒险活动了。所以我们应该在那些未知因素所能允许的最大范围内，作出最精确的计划，降低我们冒险的风险。

计划的统一性、持续性、灵活性、精确性是一个好的计划所具有的一般特征。而计划的一些其他特征，则更多地取决于企业的性质及其条件等因素。

3.制订一个好的计划所必备的条件与才能

一个好的行动计划可以使企业更好地利用现有的资源，采用更有效的方法收获更好的效益。它可以让企业减少甚至避免失误，防止不适当的改变目标的情况发生，有助于企业改进人员的能力。这就要求我们制订计划的领导人员必须具备相当的才能与条件。

制订好的计划的领导者必须具有以下条件：

（1）管理人的艺术。在一个企业中，行动计划的制订涉及了大多数的部门领导。其实行动计划的制订可以说是日常工作之外的任务，所以，这要求我们的参与者要负一定的责任。而为了得到各部门领导忠实积极的合作，就需要一个能干的、懂管理的人，他必须不怕辛苦，不怕担责任。这个人能够从下级的热忱与上级的信任中肯定自己。

（2）积极性。有些计划的制订，例如长期计划的制订，将会涉及很多年，五年、十年甚至更长时间，这是一个不能中断的工作，这就要求我们的领导者能够不厌其烦地投入自己的最大热情与积极性，维持计划的顺利进展。

（3）勇气。我们很清楚地知道，无论是多么精心制订的计划都不一定能够准确无误地实现。行动计划制订的目的是减少意外的发生。但是，公众甚至是最了解企业发展现状的股东们，对那些产生不能实现愿望的领导者报以不满的态度，由此，制订计划的领导者不得不产生谨慎的必要。有些胆怯的人恨不得改变甚至取消计划，从而使自己不受到来自别人的批评或者压力，这并不是一个好的行为。因为如果没有计划，企业的发展将会受到始料未及的影响。因此，我们的领导者必须具有制订计划以及担当责任的勇气。

（4）稳定。一个很自然的道理，一个领导者必须经过一段时间才能够对企业的经营、企业人员的才能、企业的资源以及未来的发展预测有所了解。而只有对企业有了足够的了解后才能有效地制订出行动计划；但是如果领导者在这个时候感到自己没有充分的时间去完成这项工作，或者他认为这项徒劳的工作只能为他招来批评，他并不是心甘情愿去完成这项工作的，那我们怎么能够相信他会去热情地完成此项工作。因此，如果没有领导人员的稳定，就不可能会有好的行动计划。

此外，一个好的行动计划的制订还应该具有专业的能力及处理事务的一般知识。这些便是制订一个好的行动计划的领导者所应该具备的条件。

TIPS 小贴士

计划可以起到保护企业的作用，它不仅可以防止企业在发生严重事件时不适当地改变目标的做法，而且也可以防备那些只因上级领导的改变而产生的改变目标的现象。此外，它也能防止企业那些开始时不易觉察的、但后来可能使企业走偏方向的那些偏差。因此，对于一个企业而言，行动计划的制订尤为重要。

第四节 组织

在一个企业中，组织的作用就是为企业的正常经营提供必要的原料、设备、人员、资本。一般而言，我们将企业的组织分成两个部分：物质组织和社会组织。当配备了所必需的物质资源后，其社会组织就能够完成它的六项基本职能，即技术职能、财务职能、安全职能、商业职能、会计职能和管理职能，也就是进行企业所有基本的经营活动，而接下来将要阐述的是社会组织。

1.社会组织所需要完成的管理任务

（1）制订了经过深思熟虑后的行动计划，并且对此很好地执行。

（2）社会组织和物质与企业的目标、资源以及需要相适应。

（3）组建了一支一元化且有能力、强大的领导队伍。

（4）协调了各方面的力量，使其所有步骤达到一致。

（5）能够作出明确、准确的决策。

（6）有效地对人员进行配备和安排，并且使其职责明确；让每个部门都具有有能力且积极的人，而每个人都能在自己所在职位上充分发挥其才能。同时每个部门和每个人都能够明确自己的职责。

（7）鼓励首创精神。

（8）奖罚分明，且制定相应的责任制度。即对所做的工作能够给予公平的报酬，反之对发生的过失与错误实施惩罚。

（9）使大家遵守纪律，让大家能够遵守公司制度与社会秩序。

（10）使个人利益服从企业利益。

（11）特别注意指挥的统一。

（12）能够进行全面的控制。

（13）同官僚主义、形式主义等弊端做斗争。

以上是每个企业的管理人员应该完成的管理任务。这些任务在个体经营的小企业中是很简单的，但是随着企业的扩大与人员的增多，也会相继变得复杂。

2.社会组织的机构及其成员

社会组织的机构是指六个基本职能的机构。在个体经营的小企业中，这六个职能可以由一个人体现；在较大的企业中，这些职能是极其复杂的，分工也会很细，会用到大量的人员，并会建立起数目众多的大小机构。为了大家对社会组织的机构能有清楚的认识，我们以股份有限公司为例。

在股份有限公司的社会组织中，主要有以下机构：

（1）股东大会。这机构的作用是具有局限性额度，主要职责是任命董事会的成员和审计专员并对董事会的建议进行审议。股东至少一年召开一次会议，对于股东而言，他们最重要但是也是最困难的事情是任命管理人员。

（2）董事会。董事会所拥有的法定权力很大，这些权利是属于集体的。董事会通常会将很大一部分的权力授予由他所任命的总管理处。董事会的职责是能够判断总管理处所提出的建议，并对所有工作进行全面的监督。

（3）总管理处。这一机构主要负责尽可能充分地利用企业所拥有的人力物力来带领企业达到预期的目标。具体职责是拟订行动计划、选用工作人员、下达行动命令、保证和监督各项工作有序地执行。这一机构是执行权力的机构。总管理处有时是一个总经理，但有时也会由多个总经理组成。当只存在一个总经理时，他可以与各地的经理直接取得联系，但是当同时拥有几个总经理时，则会采用不同的方式来分管总管理处的职权。但是不论是总管理处存在一个还是多个总经理，总管理处都将会依靠一个"参谋部"，这一部门是由有知识、有精力、有时间的人组成的，它是领导的依靠，以加强及扩大领导力量的作用而存在。参谋部的成员不分等级，只接受总经理所下达的命令，其主要职责是帮助领导完成其个人使命。

（4）地区与地方领导。一个具有总管理处的集团，我们可以看做是一个大型实业单位的延伸。实业单位分为小型、中型、大型以及特大型。在中、小型单位中，经理一般直接和该单位各部门的领导取得联系。而在大型工厂中，总工程师常常担任了经理与技术部门领导人之间联络员的角色。地方经理权力的划分则是由事物的性质和总管理处与地方管理处之间的权限分配情况来决定的。有的时候地方经理的权力近乎自治，而有时则又很受限制。

社会组织的成员除了以上所说的四种外，还包括了总工程师、部门经理、车间主任、工长以及工人。他们都是构成一个大型企业的主要成员。

3.社会组织的成员或组成要素

社会组织的成员或组成要素，主要有以下几个：①大企业的领导。一个大企业的领导应该具备两个必要条件：a. 应该是一个很好的管理者；b. 在企业所需的特有的专业方面，必须具有相当高的能力。②中、小企业的领导。相对于大企业的领导他们所具备的条件则是技术能力，即企业特有的专业能力。③部门领导。④基层人员——工人。⑤组织图表。这种一览表有利于社会的构成并便于对其进行监督。⑥招募。指设法得到构成社会组织的必要人员。⑦企业人员的培养。人员培养的问题是各种企业的核心问题。⑧矿业冶金工业人员的培养。

指挥，其任务就是让已经建立的社会组织发挥出所应有的作用。具体一点讲，就是每个领导人根据企业的利益，使其单位的下属员工都能作出最大的贡献。

在各个领域，指挥工作都是由才华出众的人担任的。为了便于指挥工作，法约尔提出了以下几点要求，他认为担任指挥工作的领导应该做到：

（1）对自己的职工有深入的了解。无论领导是处于哪一个级别，他所能直接管理的部下总是很少，一般将会少于6人。但是无论在哪种企业中，领导多少人，作为领导者都应该可以做到了解他的直接部下，能够掌握到对于他的每一位直接部下他应该给予怎样的期望及多大的信任，这种了解需要通过一段时间。而当部下的职位越高，他们的职能将他们分离得越远，这种了解也就越难。

（2）淘汰不具有工作能力的人。为了能够使领导所在单位的工作始终处于一个良好的状况，对于那些不具有工作能力，不能很好地完成自己工作任务的人，领导应该予以淘汰。例如，对于那些工作能力已经减弱的老员工，我们必须进行淘汰，而这项淘汰的工作则必须由领导来做。领导作为整体利益的裁决者和负责者，为了使整体利益得到维护，领导应该灵活、勇敢地去完成这项工作。

（3）深入了解企业与员工之间的协定。企业与员工之间的关系是通过协定而建立的。所以领导应该深入了解企业与员工之间的协议内容以及协议执行的情况。这一举动也起到了双重的作用：在企业面前，维护了职工的利益；而在职工面前，则维护了企业的利益。这要求领导人对协定有着深入的了解，具有强烈的责任感，办事公平公正，只有这样才能做到在面对企业可能出现的不法行为时，能够维护员工的利益。

（4）领导做好表率作用。作为一名领导，有权让别人服从自己。但是如果这种权利只是由于害怕受罚而被迫服从，那企业的工作则是很难开展的。但是通过其他有效途径让员工发自内心地服从，效果则会明显不一样。领导所做出的表率作用则是最有效的方法之一。我想，当领导在积极地、忘我地工作时，下属不会选择消极怠工。

（5）定期对组织进行检查。正如检修机器一样，当一台机器运作一段时间后，我们会定期对其进行检查，以免发生故障。对于管理机构的定期检查也是同样重要的，但是能做到这一点的人却很少。其原因有很多方面：首先，领导者没有把应采用的典型检查方式很好地确定下来。那是因为人们对于某种机能或者机体的某一组成部分应该是什么样的，普遍缺乏确切的基本观念。其次，同与物资设备打交道相比，同人打交道需要更多的时间、方法与精力。最后，在人事问题中，人事的变动应该以领导者的高度责任感为基础。

为了能够定期进行检查同时使其变得容易，我们可以在检查中使用一览表。一览表清楚地表示了企业管理人员的等级链，并标明了每个人的直接领导和直接下级。这种一览表在一个确定的时间，能够对企业组织结构进行逼真地描绘。我们还可以对一览表进行纵向比较，两种不同日期的一览表表明，在这两段时间里，组织结构方面所发生的变化。一览表对于定期检查工作来说是非常重要的资料。

（6）领导不要把精力都耗费在细节上。这是许多领导者常有的严重缺点，即在工作的细节上耗费大量的时间和精力，其实完全没有必要，因为这些细节完全可以交给他的下属去做，有可能他的下属比他做得还好。因此，领导者应该把那些不必非要自己去做的工作，交给部下去做。作为一个领导者，虽然事事都应该了解，但这不表示他事事都必须亲力亲为，领导者不应该因小失大。

（7）注重会议与报告。一个优秀的领导者，必须懂得善于利用会议和报告。领导可以先拟订一个计划，然后在会议上提出，征求每个人的意见，对计划进行修改与补充。这样，既可以提高工作效率，达到事半功倍的效果，借此机会，领导也可以倾听下面员工的意见与建议。而书面汇报和口头汇报则是对监督和控制工作的一个补充。尤其对于大企业的领导者来说，这两种方式是十分重要的。

（8）在职工中保持团结、积极、创新和忠诚的精神。领导者应当对部下的条件和能力进行充分地掌握，在他们的能力范围之内，交给他们尽可能多的工作，这样可以促使部下很好地发挥自己的首创精神。工作中，领导应该慎重地引导以及及时赞扬、鼓励自己的部下，通过这些举动，领导能够很快地将一些具有潜在能力的人造就成杰出的工作人员。

第六节 协调

协调是指企业的一切工作都要和谐地配合，便于企业的经营顺利地进行，促进企业取得成功，各职能的社会组织机构和物资设备机构间保持着一个适当的比例。而这个适当的比例则适合于每个机构有保证地、经济地完成自己的任务。

协调就是要求在企业的贸易工作、财务工作、技术工作以及其他工作中都要注意到本工作对企业所有职能应该承担的相应责任和将会为它们带来的后果；要求我们能够做到财务的开支与收入是成比例的；要求我们在工作中做到先主要后次要。总而言之，协调就是要求我们能够做到所有的事情和行动都有合适的比例，方法能够适用于目的。

而在一个协调的企业中，我们可以看到以下现象的存在：

（1）我们可以看到各个部门的工作与其他部门的步调是一致的。也就是说，例如供给部门能够清楚地知道应该什么时候提供供给；生产部应该清楚地了解自己的生产目标；财务部在生产部运作时能够提供他们所需要的资金等。企业的每一项工作都是有序进行的。

（2）在各部门的内部，各个分部及所属单位之间，都能了解在完成共同任务时应该承担哪些相应的工作，并且相互之间能够进行很好的配合。

（3）各部门及所属各分部的计划安排可以经常地随情况的变动而能够进行调整。

在平时的企业管理中，我们可以看出，不是所有的企业都能够具备以上三个条件的。在有些企业中，我们有时会看到以下缺乏协调的现象出现：①每个部门之间都不了解并且也不主动去了解其他的部门，不关心企业整体。②在部门的内部，各部门与其他部门之间都存在隔阂，互不交谈、沟通。各自只关心自己分内的事情，只关心自己所承担的职责与利益。③大家都不考虑企业的集体利益，在企业中没有创新和忘我工作的精神。

以上现象的存在对于一个企业来说是很不幸的，但是这种不幸并不是员工之间进行商量而故意造成的，这些现象的出现，是由于企业工作缺乏协调而逐步形成的。

采取开会的方式则可以有效地避免以上现象的发生。例如每周一次的例会。每周的例会只是涉及一个短期内的活动，在一周时间内，要保证各个部门的行动协调一致。例会时，各部门的领导逐个介绍本部门各项工作开展的现状，以及所面临的问题，让其他部门可以对本部门有个清楚的认识了解，同时针对本部门所面临的问题其他部门还可以提出相应的建议与意见。

在例会开展的同时，我们也要做好会议记录，并在下次例会时，温习上次例会的内容，看看上周所提到的问题是否得到解决，各部门之间的工作是否在协调进行。

通过这种会议，管理层可以很清楚地了解到现在各部门的工作现状以及所面临的问题，对于已经发生的不协调现象可以及时地纠正，而同时可以防患于未然，避免不协调现象的发生。同时，可以促进各部门之

间的交流，例会则是各部门进行沟通相互了解的一个平台。如果不开
会，即使我们花上十倍的时间，也未必能达到这样团结、协调的效果。
因此部门领导会议是协调工作中不可缺少的一种工作方法。

第七节　控制

在企业中，控制所具有的职责就是要证实以下各项工作是否与已拟订的计划相符合，同下达的指示及已定原则是否一致。对人、对物、对行动都进行控制，其目的则是要指出工作中的缺点和错误，以便加以纠正和避免错误重复发生。

控制对企业的作用有很多：

（1）从管理角度来看，控制能够确保企业有计划并且依计划行事，同时还要及时地加以修订；能够确保企业社会组织的完整、人员一览表得到应用以及指挥工作符合原则、协调会议定期举行等等。

（2）从财政的角度看，能够对现金、账册、收入与需求以及基金的使用情况进行控制。

（3）从技术角度看，应该注意记录工作的进展情况、工作中所取得的成就以及所出现的不平衡的现象、人员和机器设备的工作情况等等。

（4）从商业的角度来看，能够确保物资的进、出，做到按照质量、数量以及价格来进行检查，并且确保认真做好仓库记录的工作等方面。

（5）从安全的角度看，能够确保采取安全的措施使企业的财产和工作人员正常进行工作。

（6）从会计方面来看，能够确保及时上交必要的报表，并且这些报表能够真实地反应企业的情况。控制可以从账册、图表和统计中找到检查所需的合适资料，去掉无用的资料和统计。

而在这里，我们要强调的是企业内部的控制，企业内部控制的目的在于有助于各部门之间工作的顺利进行，整体而言，也有助于企业整体运营的顺利进行。而为了达到一个有效的控制，所以控制应该在有限的时间内及时进行，显而易见，如果一个控制结论得到得太晚，那么无论这个结论做得多好，也将派不上用场了，那这样的控制又有何用呢？但是如果一个符合实际的控制结论被故意忽视，那这种控制同样起不到它应有的作用。

所以，要做好管理工作，我们就必须避免以上两种错误的发生。而在控制工作中，我们还需要避免的一个错误就是，对各部门的领导和工作进行干预的问题。这种越权行为会造成最可怕的双重领导：一方是不负责任的控制人员，他们将会在很大的一个范围内造成有害影响；而另一方则是被控制的业务部门，他们无权采取自卫的措施来反对这种恶意的控制。而这种越权的领导将会造成极为严重的后果，因此在控制中，我们必须明确自己的控制权限，在这之后，最高领导应对控制权利的使用情况加以监督。

TIPS 小贴士

做好控制工作，对企业的管理工作能够起到难能可贵的协助作用。而控制能否有效地发挥其作用，则取决于领导。良好的控制可以避免令人不愉快的意外事故的发生。

控制这一动作适用于不同性质的工作以及各种工作人员，因此，所采用的方法也各式各样。但要强调的是，控制这一要素，在执行时需要有持久专心工作的精神和较高的艺术。

乔治·埃尔顿·梅奥：
人际关系理论

第一节 "阅读"梅奥

梅奥

乔治·埃尔顿·梅奥，1880年12月出生于澳大利亚的阿得雷德。梅奥是美国管理学家，早期的行为科学也就是人际关系学说的创始人，美国艺术与科学院院士。1899年，梅奥在澳大利亚的阿福雷德大学取得了哲学与逻辑学硕士学位，1911年被聘至昆士兰大学为大家讲授逻辑学、哲学以及伦理学。后来，梅奥赶赴苏格兰爱丁堡开始了精神病理学的研究，主要是针对精神上不正常的现象进行分析，因此梅奥成了澳大利亚心理疗法的创始人。

1922年移居美国，任教于宾夕法尼亚大学的沃顿管理学院，在任教期间，梅奥从心理学角度解释产业工人的行为，他认为影响因素是多重的，并不是一个单独要素起着决定性的作用，这为他后来将组织归纳为社会系统的理论打下了坚实的基础。

1923年，梅奥于费城附近一家纺织厂内就工人工作的条件对工人的流动率以及生产率的影响进行了实验研究。在20世纪20年代初期，在费城的纺织厂中，工人的流动率远高于其他行业，而管理层所采用的泰勒的科学管理理论也无法提高工人的生产力，无法改变现状。于是他们向大学的学者发出了求援助信号。而此时正在宾夕法尼亚州大学任教的梅奥就被其中一家纺纱厂聘为顾问。由于梅奥接受过心理学的训练，他用完全不同的角度分析了当时所面临的问题，他观察到这些工人的工作几乎是单独完成，从不与其他人进行接触的。梅奥首先采用当时通用的方法，增加了工人的休息时间，即引进工作歇息这个因素，通过这项措施的实施，工人的流动率有了很明显的降低，而劳动率也有了很大的提高。通过试验，梅奥意识到，在工人流动率和生产率上所取得的进步并不是因为歇息的问题，而是因为单独完成工作的员工通过和其他人员的交谈，以及管理部门作出的响应，使得他们已然变成了一个社会群体，当员工感受到自己归属为这个社会群体时，自身所具有的怨言也就变少了，工作由被动变成了主动，生产率也随之提高了。

1926年，梅奥在哈佛大学工商管理学院开始了工业研究，并担任了哈佛大学工商管理研究院工业研究室的副教授，这以后梅奥一直在哈佛大学工作直到退休。

1927年，梅奥应邀参加了霍桑试验。霍桑试验开始于1924年，霍桑试验在进行时可谓是困难重重。1927年开始到1936年，在此期间，断断续续，梅奥进行了了长达9年的两个阶段的试验研究。

梅奥的主要著作及其影响

在霍桑试验的基础上，梅奥提出了人际关系学说，在此期间，他主要的著作如下，他的主要观点也在其著作中有所体现。

1933年，于纽约出版了《工业文明的人类问题》。

1945年，出版了《工业文明的社会问题》。

1933年正式出版的《工业文明的人类问题》一书，正式创立了人际关系学说。而1945年出版的《工业文明的社会问题》一书，可以看做是对《工业文明的人类问题》所提出的观点进一步的发展与引申。

梅奥在管理学方面的最大贡献在于，提出了以人为本的管理思想。他认为：行为和群体是密切相关的；群体对个人的行为有巨大的影响；群体工作的标准比金钱等其他因素的影响要大得多。梅奥的组织理论更加注重人的因素，导致了家长式管理的发展。

因此，至今为止，在管理的发展史上，人们依然清晰地记得梅奥这个名字，当我们今天本着"以人为本"的思想看待管理问题时，再次阅读梅奥的《工业文明的社会问题》的时候，仍然可以得到许多新的启示。

第二节 人际关系学说的诞生

人际关系学说产生的背景——行为科学

古典管理理论，如泰勒的科学管理理论，法约尔的一般管理理论都得到了广泛的流传和实际运用，很大程度上提高了效率。也正是由于对高效率的追求，他们把人看做"经济人"，人们在工作中追求的只有工资收入，工人在意的是高工资，而企业主追求的则是高利润。在管理方面更加注重的是生产控制，强调生产管理的科学性与纪律性，往往忽略了人的情感因素，只把工人看做机器的附属品，这在很大程度上激起了工人的不满。

到了20世纪20年代前后，随着工人思想的日益觉醒、工会组织的不断壮大，工人开始了对雇主的反抗与斗争。加之经济的发展和周期性危机的加剧，以及科学技术的发展和应用，使得单一地使用古典管理的理论和方法已经无法有效地提高劳动生产率和增加利润了。

这时一些管理学家和心理学家注意到社会化大生产的发展，必须有与之相适应的新的管理理论。他们便开始从心理学、生理学、社会学等方面出发，研究企业中有关人的一些问题，例如人的情绪、工作动机、行为与工作的关系等。他们还研究如何按照人的心理发展规律去激发工人的积极性和创造性。

随着他们的研究，行为科学便应运而生，行为科学是将"经济人"转向了"社会人"。由于侧重点有所不同，所以行为科学可以分早期和后期两大阶段，早期的行为科学侧重于"社会人"论述，后期的行为科学侧重于"自我实现"的论述。而这里我们所说的早期的行为科学便被人称之为人际关系学说，它开始于梅奥的霍桑试验。

人际关系学说的诞生——霍桑试验

霍桑试验在美国国家科学委员会的赞助下，由梅奥于美国西方电器公司的霍桑工厂开展，从1924—1932年，长达八年之久。霍桑试验是旨在研究工作环境与劳动力之间关系的一系列试验，共分为四个阶段：

第一阶段，工厂照明试验

这个试验是于1924年11月开始的。该试验是将一批工人分为两组，一组称之为控制组，采用固定的照明，让工人在一个照明强度不变的环境下进行工作。另一组则被称为试验组，这一组采用了变化的照明，是指让工人在不同的照明强度下工作。这个试验的目的是希望能够通过照明的强度研究出工作环境对生产率的影响。然而最后试验得出的结果出人意料，研究者以为随着照明强度的变化，生产率也会随之变化，但是，两组生产率并没有因为照明强度的不同而发生变化。

结果表明，两组的生产率都有所增加，而且两组之间生产率增加的差距并不大，因此可以看出，生产率和照明强度之间并没有直接的关系。

第二阶段，继电器装配试验

该试验是在1927年8月至1928年4月间进行的。试验的目的是研究工作条件与生产率之间的关系。研究者先选定了6名女工参与试验，这6名女工组成了单独的小组，研究者对她们采取了按件计算酬劳的方式，并取缔了原来的监工，同时，增加她们休息的时间，在休息期间，企业还为工人提供了免费的咖啡和点心，工作日也缩短到了五天，通过这一系列的改变，发现工人的生产率提高了。接着，研究者又相继取消了这些优厚的待遇，使工作条件恢复到了最初的状态，但是结果却发现工作产量并没有随之减少，反而增加了。

梅奥从另一个角度分析出，工人的生产率的高低与工作条件等因素没有太大的关系，而是与管理者的方式有着密切相关的联系，管理者管理方式的改变会让工人的工作态度产生变化，生产率提高。例如，试验中，在没有监工的环境下，工人会认为自己得到了信任，并且会放松心情，在愉悦的心理状况下，工作效率便会自然而然得以提高。虽然工作条件恢复到最初状态，但是这时工人对管理者的态度已经发生了转变，他们的态度直接影响了工作效率。

第三阶段，访谈试验

试验从1928年9月开始到1930年5月结束。试验总共对约两万名工人进行了访谈。通过访问和交流的方式搜集工人对企业领导、工资报酬、保险福利等方面的意见和态度。通过这次试验，发现工人在发泄了心中的不满之后，生产率有了很大的提高。

试验的结果提示企业中的管理人员应该经常进行培训，以便可以更好地聆听工人的心声，了解掌握他们的情绪，在与工人接触时应该更多地采取多听少说的方式，通过这种方法找出妨碍生产率的原因。

第四阶段，布线小组试验

这个试验是在1931—1932年进行的。试验挑选了14名男工作为试验对象。研究者将14名男工放在一个单独的车间，装配中央交换机设备中所用的接线器。14名男工包括了9名将线绕在线柱上的绕线工；3名将接线焊接起来的焊接工；两名对已完成的工作进行检验的检验工。他们分成了3组，每组由3名绕线工、1名焊接工组成。研究者对试验者采取了集体刺激工资制，即以小组的总产量作为个人付酬的依据。

通过试验，研究者发现，工人之间很默契地形成了一个"非正式组织"，而大家都不约而同地遵守着这个"非正式组织"的一些无形的制度，比如：不会干活过多也不会干活过少，工作量在大家心中有一个共同的"非正式标准"，大家的工作量既不会作为一个"冒尖者"超过这个"标准"，也不会成为一个"落后者"低于这个"标准"。而在工作中，更不能成为一个告密者，将这些事情告诉监工。试验者在工作中，都默默地遵守着这些行为准则，从而让自己不被踢出这个"非正式组织"。

这样，试验的几个月下来，该小组的生产率一直保持在一个稳定的水平线上，没有提高。此试验可以看出在工人之间都会默契地形成一个"非正式组织"，而这个"非正式组织"和生产率之间有着莫大的关系。

梅奥对霍桑试验的这一列试验进行了总结，提出了与古典管理理论不同新观点：第一，人是"社会人"，而不能单纯地认为是"经济人"；第二，要注重工人的工作态度，也可以通俗地理解为工作的士气；第三，要认识到在正式组织中"非正式组织的存在"。这就是早期的行为科学—人际关系学说。人际关系学说是行为派在以后发展的理论基础，对以后的各个管理学派都有着重大的影响。

第三节 人际关系学说的内容

梅奥在对霍桑试验进行总结后，创立了人际关系学说，此学说提出了与古典管理理论不同的新观点、新理论。其主要内容有以下几个方面。

1. "社会人"假设

这一观点指出人应该是"社会人"，而不能单纯地看成是"经济人"。在人际关系学说产生之前，西方社会把职工看做单纯的"经济人"。如：泰勒、法约尔等为代表的西方古典管理理论中，他们把职工视为"经济人"。在他们看来，在工作中唯一能够刺激工人提高工作效率的动力便是金钱，他们忽略了工人的个人情绪和态度，认为人只是以追求高工资和好的生活条件为目的。

但是通过霍桑试验，我们可以看到，刺激工资制只能被解释为增加产量的一个原因，但绝不是唯一因素，工人还有着社会和心理方面的需求，也就是说追求人与人之间的安全感、归属感等。工人所做出的行动更多的是由情感来引导的，而并非逻辑。小组成员之间在工作中体现的默契配合，互相之间的情感远远超过了效率的逻辑。由此我们可以得出结论，工人不会只单纯地追求金钱，还具有友情、归属感、安全感等社会及心理方面因素的需求。工人工作效率主要取决于其工作的积极性以及社会生活、家庭成员间的关系，并非与工作的物质环境和福利的好坏有着直接的联系。梅奥通过霍桑试验向大家证明了"经济人"假设的片面性，在此基础上提出了职工是"社会的"的假设。而由于这一假设是与当时占主导地位的"经济人"的假设相对立的，因此受到了来自各方面的阻力与批评。很多学者认为，"社会人"的假设是走入了另一个极端：一味地强调情感的因素，而忽略了经济因素。这种批评也被看成是人际关系学说的局限性。但是，我们不能忘记"社会人"结论的诞生是有一定条件的，这与霍桑试验所存在的背景条件息息相关。因此，强调情感因素也并没有完全否定了经济因素，我们不能把"社会人"的假设理解成是对"经济人"思想的否定，而应该将其理解为是对"经济人"思想的补充。

因此，在日常的管理工作中，我们的管理人员不能单纯地从金钱和物质角度入手，将金钱和物质视为唯一一种刺激工人积极性的工具，而应该更多地考虑到满足工人的社会需要和心理需要。在社会和心理需要两个方面对我们的员工进行正确的引导，由此调动工人的积极性。例如，在工作中可以通过表扬、嘉奖、提升等方式让员工深刻地体会到领导和众人对他工作的认可，可以体会到自我实现的满足感。

在平时的工作中，管理人员要注重与员工的沟通，倾听他们的心声，耐心听取员工提出的意见和建议，并有效地采纳，让员工在我们的企业中能够找到归属感。以此，改变工人在工作中的态度，让他们更有积极性，更愿意为企业付出，而态度的改变则可以更大幅度地提高工人的工作效率。

2. 非正式组织的存在

在霍桑试验的第四阶段"布线小组试验",我们发现除了存在正式组织外,还存在着一种"非正式组织"。

由于人是具有感情的社会高级动物,在一起工作的期间,彼此会发生必然的联系,因此会形成共同的感情,基于这个共同的社会情感基础,促成了"非正式组织"的形成。在这个特殊的组织中工人们有着特殊的情感、规范、倾向等。"非正式组织"的成员并未将管理层所规定的额度当做目标,而是在"非正式组织"内部自行形成了一个"标准",这个标准低于管理层所制定的额度目标,但是这个"标准"又不会过低于管理层的那个目标,以避免引起监工的不满。非正式组织的成员都必须遵守着组织内部不成文的行为规范,直接左右着组织中工人的工作效率。若是有人违反必会遭到组织内部群体的攻击,如冷嘲热讽、故意刁难、疏远等。

正式组织和非正式组织最大的区别在于,在正式组织中,是以效率逻辑为行为规范,为了提高工作效率,工人会在形式上保持合作的关系。而在非正式组织中,感情逻辑则成为了第一行为规范,起到了第一支配作用。所以管理层应该注重非正式组织中存在的感情逻辑,而如果管理层只重视效率逻辑,忽略了感情逻辑,必会引起冲突,进而影响工人的工作效率,影响企业生产率的提高和目标的实现。因为,不仅正式组织涉及企业中的每一位员工,其实非正式组织也同样涉及企业中的每一位员工。也可以理解为,在企业的管理层中,同样存在着非正式组织,非正式组织不单单存在于工人中,在管理人员中、技术人员中都有非正式组织的存在。但有所不同的是,在管理层以及技术人员中,效率逻辑是占主导地位的,而在基层工作的工人中间,感情逻辑则是占了主导地位。所以我们可以将效率逻辑视为"管理人的逻辑"，将主导工人的感情逻辑认为是"工人的逻辑"。如果管理人员只根据效率逻辑来管理，忽略工人们的感情逻辑，那就会引起"管理人的逻辑"和"工人的逻辑"发生冲突。

梅奥认为，管理层应当充分认识到非正式组织在企业中所起到的作用，时刻注意保持正式组织的效率逻辑与非正式组织的感情逻辑之间的平衡，进而方便管理者同工人间、工人与工人之间的相互配合，互相协作，可以使得每个人发挥自己的最大作用及优势，提高效率。

非正式组织的产生和存在是具有必然性的，对整个组织以及企业有着不可小觑的作用。我们不能单纯地认为非正式组织的存在是一件坏事，应该看到非正式组织在企业中所起到的积极作用，非正式组织同正式组织相互依存，对提高生产率起着极大的促进作用。在某些环境下，对非正式组织的正确利用，则可以起到意想不到的作用。非正式组织对正式组织的积极作用表现在：非正式组织可以满足组织成员心理上的需求，可以对成员的士气加以鼓舞，可以创造出一种特殊的人际关系氛围，而这种人际关系则促进了正式组织的稳定，同时还可以对成员之间存在的能力方面的差异进行弥补，保证了工作任务能顺利地完成。

当然，我们也不能忽视非正式组织对正式组织所带来的负面影响，如：在非正式组织内部自行形成的任务目标，这个目标在一定程度上抵制了管理层所设定的目标和政策。

非正式组织和正式组织之间存在着必然的联系，相互影响，对于非正式组织对正式组织带来的这些积极影响及负面影响，就要求我们的管理人员如何采取争取的态度与方式利用非正式组织的积极作用，消除负面影响，正确协调非正式组织与正式组织之间的关系，保持二者之间的平衡，妥善处理二者的冲突，保证企业任务目标的顺利完成。

3. 新的领导能力在于提高职工的满意度

霍桑试验第一阶段的照明试验的结果是：无论作业条件如何改变，不变甚至变坏时，生产效率仍然呈现上升的趋势，由此我们可以得出的结论是：决定工人工作效率的不仅仅只是作业条件等客观因素，同时存在着另外一种因素。

第三阶段的访谈试验告诉我们，这另外一种因素便是工人的主观因素，就是影响工人士气和情绪的满意度。员工的满意度与工作效率之间存在着一个正比关系。而这个满意度则与员工的士气相关，员工的满意度越高,士气则会越高，生产率则会越高。满意度首先表现为人群关系，如员工在工作中的地位，被上级重视的程度、被同事的认可程度等，其次就是金钱的刺激。人际关系学派认为提高工人士气是有效增进工人工作效率的方法，因此，如何提高工人士气则是企业管理层的一个重要任务。

梅奥认为，士气是组织内部全体成员的工作热情同工作行为的总和。士气是提高群体行为效率的必要条件，士气高昂的组织所表现出来的行政效率会较高，他们所呈现出的特点表现在沟通协调顺畅、团结合作、组织目标明确、成员可以迅速地完成组织安排的任务等。

企业是由众多管理人员与员工所组成的组织，他们具有共同的目标需求，所以，企业应该通过内部组织团体活动的运作历程，使组织中的成员达到良性的交互作用，提升员工的士气，使之齐心协力为企业的目标去努力，以达到企业和员工的共同进步。

这就要求我们企业的管理人员必须具有一项新的能力。新型的领导能力在于：要求在正式组织的效率逻辑和工人的感情逻辑之间保持平衡。即，我们可以理解为，通过效率逻辑与感情逻辑的平衡，协调好正式和非正式组织之间的关系，进而提高员工的满意度，鼓励员工的士气，从而提高生产率。

亚伯拉罕·马斯洛：
良好的精神管理

第一节　了解马斯洛

马斯洛

亚伯拉罕·马斯洛，美国行为心理学家，1908年4月1日出生于美国纽约的布鲁克林。马斯洛的父母是从苏联移民到美国的犹太人，他的父亲酗酒，对孩子的要求也是十分严格，而他的母亲则极度迷信，性格也是冷漠残酷暴躁，可以说他从未得到过母爱，这导致马斯洛有着非常痛苦的童年。加之，作为犹太人，他们住在一个非犹太人的街区，在学校很少可以看到几个犹太人，这一切都使得马斯洛变成了一个敏感、害羞甚至有点神经质的孩子。当他忆起童年时，曾说道："我十分孤独不幸。我是在图书馆的书籍中长大的，几乎没有任何朋友。"早期的这些经历，不仅仅只影响了儿时的马斯洛，对成年甚至成名后的马斯洛也有着极大的影响，在成名后马斯洛依旧害怕当众发言。

上学后，马斯洛的天赋便展现了出来，他成绩十分优秀。马斯洛从小便是一个书迷，在阅读了美国历史后，他深深地被托马斯·杰斐逊和亚伯拉罕·林肯所吸引，一直把他们当做自己心中的英雄。而后来，当马斯洛开始发展自我实现理论时，这些心目中的英雄则成了他研究自我实现者的基本范例。

马斯洛为了满足父母让他学习法律的愿望，在1926年进入了纽约市立学院专修法律。通过两个星期的学习，他就肯定地得出了自己无法投入到法律中的结论，清楚认识到法律不适合自己后，他选择了自己喜欢的学科。他转入了康奈尔大学，开始了新课程的学习，他的导师是构造主义学派的创始人——铁钦纳。但是他很快又感觉到构造主义心理学的元素分析和铁钦纳教授的枯燥乏味，没多久他又回到了纽约市立学院。

在1928年，马斯洛不顾父母的反对和他高中同学——即他的表妹贝莎结婚，婚后他们育有两个女儿。而马斯洛也对外宣称，结婚和转学到威斯康星大学后才是他真正使命的开始，那时的马斯洛20岁，妻子贝莎19岁。婚后，马斯洛和贝莎迁往威斯康星州的威斯康星大学麦迪逊分校继续他的学业，而这时马斯洛才真正进入他的学术研究领域。此时，行为主义的发现让马斯洛为之欣喜若狂，此后不久他便拜于当时行为主义代表之一——赫尔的门下研究动物学习行为。慢慢地，随着他对格式塔心理学和S.弗洛伊德心理学的研读日益增多后，他对行为主义的热情也开始逐渐减退。而年轻的马斯洛有了属于自己的家庭后，他又有了一个重要的发现。他曾写道："我们的第一个婴孩改变了我的心理学生涯，他使我从前为之如痴如醉的行为主义显得十分愚蠢，我对这种学说再也无法忍受。它是不能成立的。我们越来越清楚地看到，人的身上有无限的潜力。如果适当地运用它们，人的生活就会变得像幻想中的天堂一样美好。"

1930年，马斯洛在威斯康星大学获得了心理学专业学士学位，在1931年获得心理学的硕士学位，在威斯康星大学就读时，他选修的研究实习课的老师是哈洛，哈洛擅长于对罗猴的依恋行为的研究。马斯洛成了哈洛的研究助手，也成为他的第一个博士生。在此期间，马斯洛还有另一位老师，就是著名的格式塔心理学家M.魏特海默。逐渐地，马斯洛又对猿猴产生了浓厚的兴趣，并坚信自己已经找到了属于自己的研究领域。马斯洛在对猿猴的支配权和性行为进行研究时，闯入了一个几乎是世界完全未知的领域。从此，马斯洛投入了极大的热情与精力。1932年2月至1933年5月，马斯洛每天都会花数小时，在不会惊扰到动物的情况下，悄悄地对不同种类的35个灵长目动物进行了观察，并做了十分详细的记录。他的题为《支配驱力在类人猿灵长目动物社会行为中的决定作用》的博士论文也在此基础上完成了。1934年，马斯洛获得了威斯康星大学哲学专业的博士学位。因为马斯洛的论文非常出色，所以他在行为主义心理学家E.桑代克的脑海中留下了十分深刻印象，桑代克为马斯洛在哥伦比亚大学提供了一份博士后奖学金，并对马斯洛发出了邀请，让马斯洛在他所在的教育研究学院协助自己进行新的课题研究。

1935年，在哥伦比亚大学，马斯洛担任桑代克学习心理研究工作的助理。由此可见，马斯洛虽反对行为主义，但却仍然接受的是行为主义教育。直到1937年，马斯洛担任纽约市布鲁克林学院心理学副教授时，他才在思想上走向人本主义，放弃了行为主义。

1951年，马萨诸塞州新成立的布兰代斯大学向马斯洛伸出了橄榄枝，于是马斯洛来到布兰代斯大学担任该校心理学的教授以及心理学系的主任。1954年，他第一次提出人本主义心理学的概念，但是由于当时行为主义的思想盛行，他所提出的人本主义心理学并未受重视，甚至就连他的文章在心理学刊物上都无法得到发表。

《人本主义心理学期刊》是马斯洛在1961年与志同道合者共同创办的，于次年，正式成立了美国人本主义心理学会，后成为了美国心理学会第32分会。这时人本主义心理学思想终于拥有了它应该具有的地位，因此，在1967年，马斯洛被美国心理学会选为主席。

马斯洛于1969年退休，退休后马斯洛奔赴加州，成为加利福尼亚劳格林慈善基金会第一任常驻评议员。1970年6月，亚伯拉罕·马斯洛在加利福尼亚门罗公园不幸去世，享年62岁。

国际人本主义心理学会于1970年8月正式成立，首届国际人本主义心理学会议同时也在荷兰首都阿姆斯特丹举行。1971年人本主义心理学专业委员会得到了美国心理学会的通过，正式成立。这两件事是人本主义心理学思想正式获得了美国及国际心理学界的承认的标志性事件。但是马斯洛本人没能亲眼看到他多年奋斗所获得的成果，大家都为此感到十分遗憾。

马斯洛的主要著作及其影响

1943年，《人类动机论》发表于《心理学评论》。

1954年，《动机和人格》出版。

1962年，《存在心理学探索》出版。

1970年，《人性能达到的境界》出版。

《动机和人格》一书是马斯洛学说的奠基作，马斯洛在这本著作中，提出了许多精彩的理论，包括人本心理学科学观的理论、自我实现理论、高峰体验理论等，著名的需求层次理论也在此提出，需求层次理论是马斯洛心理学中影响最大的理论之一。它在创建一个积极和全面的关于人性的观点方面，有着巨大的影响。《动机与人格》不仅具有很高的学术价值，可供多个学科和领域的研究者参考，对于一般的读者，在个人修养、心理健康以及如何发挥自己的潜力方面也有较高的参考价值。

第二节 良好的精神管理——需求层次理论

需求层次理论

1943年，马斯洛初次提出了需求层次理论。这一理论得到了广泛的流传，已成为世界各国普遍熟悉的理论。马斯洛认为，个人是一个统一的、有组织的整体，他曾经说过，一个行动或者意识，如果只有一种动机，那是不正常的。换言之，也就是说整个人都将会受到动机的驱使，而不只是人的某一个部分受到了驱使。如，让一个人感到口渴时，整个人都有喝水的动机需求，而不只是他的嗓子，这些欲望、动机都是相互联系的。驱使人类的是这些动机某些本能的、遗传的、始终不变的需要，而这些需要不仅仅是生理的，还有心理的，这些需要是人类天性中固有的，我们的文化不能扼杀它们，只能抑制它们。并且，马斯洛认为这些需要是有层次之分的，这些需要的发生是有顺序的，重要性也不同，是由低级逐渐向高级发展，呈梯形状态的。马斯洛把人类的各种需要分成几种递进的需求层次，称为需求层次理论。

需求层次理论的主要内容

马斯洛将人的各种需要分成逐渐上升的五个层次：第一，生理的需求；第二，安全的需求；第三，归属和爱的需求；第四，自尊的需求；第五，自我实现的需求。需求是由低到高，逐渐呈现的，每当低一级的那个需求得到满足时，接着便会出现高一级的需求，依此类推。

（1）生理需要。生理需求是作为人类最原始、最基本的需要而存在的，它是所有其他需要的基础。它包括衣、食、住、行等方面的生理要求，是人类赖以生存和繁衍的基本需要，如果这类需要都无法得到满足，那么人类也将无法生存在这个世界上。我们也可以说，生理需要是推动人们行为活动最强大的动力。

（2）安全需要。在一个人最基础的需要——生理需要得到满足以后，那么他的欲望就会集中在高一层次的需要上，这时就产生了新的需要，即安全需要。人们希望自己可以得到保护，获得安全，避免受到伤害、威胁，希望自己可以在一个稳定、安全的环境中生活，各方面可以得到保护和保障。例如，人们会要求摆脱失业的威胁，解除对年老、生病、职业危害、意外事故等的担心，以及希望摆脱严酷的监督和避免不公正的待遇，等等。

（3）社会需要。社会需要主要包括社交的需要、归属的需要以及对友谊、情感和爱的需要。所以我们可以说这个层次的需要是归属感与爱的需求。

当生理需要和安全需要都得到了满足时，人们便会产生社会交往的欲望，希望能够得到别人的理解和支持，希望同伴之间、同事之间关系融洽，获得大家的信任，希望获得爱情和友情等。而我们所渴望的归属感，就是希望自己能够参加一定的组织并且隶属于某个集团或群体，希望自己可以成为其中的一员并得到大家的关心和照顾，从而让自己远离孤独。"社会需要"是一种比"生理需要"、"安全需要"更细致、更难以捉摸的需要，不同的人对归属感和爱的需要程度也不一样，这主要与个人的生平经历、性格、所受的教育以及宗教信仰等因素密切相关。

（4）尊重的需要。尊重的需要，包括自尊和受人尊重的需要。一个人的归属感和爱的需要也得到满足后，他开始不满足只作为团队的一员而出现。这便会产生自我尊重、受到他人尊重的需要。例如，人们在个人的名誉、地位、人格、成就和利益方面都抱有一定的欲望，都希望能够获得社会与众人的认可和尊重。

尊重的需要主要可以分为两个方面：①个体在各种不同的环境下，总是希望自己能够拥有一定的实力，能够独立自主，渴望自由，对自己的知识、能力和成就充满自豪和自信。我们将其称为内部需要。②就是一个人希望自己能够取得较高的成就，拥有地位、权力、威望，受到赏识，这就是外部需要。

马斯洛认为，当我们的尊重需要得到满足后，就会人对自己充满信心，对社会满腔热情，体会到自己生活在世界上的价值。

（5）自我实现的需要。自我实现的需要是指人最大限度发挥自己的能力，挖掘自己的潜能，完成自己从事的工作，实现自我理想的一种欲望。用马斯洛的话来说就是促使他的潜力得以实现的趋势。这种趋势可以说成是希望自己逐渐成为自己所期望的人物。自我实现的需要是一种高级的精神需要，我们也将这种需要分为两个方面：①成就感。表现为希望进行创造性的活动并取得成功。例如，设计师设计出的一幅作品，他会展现给人们，在人们的赞扬中获得成就感；建筑师，面对自己所建筑的作品时，就会升起一种成就感；工程师力求生产出新产品，等等，这些都是在成就感的推动下产生的。②胜任感。人们总是希望干称职的工作，喜欢接受具有挑战性的工作，将工作当成一种创造性活动，而废寝忘食地工作就是为了能够出色地完成任务。

需求层次理论的价值

马斯洛的需求层次理论在管理心理学中有非常重要的地位。但关于马斯洛理论的价值，目前国内外存在着各种不同的说法，对此我们不能极端地绝对肯定或绝对否定，因为这个理论既有其积极因素，也有其消极因素。

1.积极因素

（1）马斯洛开创了对不断发展的人、健全成熟的人、出类拔萃的人的研究，对于开发人的潜力，指导健康人的心理成长有深远的理论意义和实践意义。

（2）马斯洛指出人的需要具有一个从低级向高级发展的过程，这一点在某种程度上符合人类需要发展的一般规律。一个人从出生到成年，在需求上的发展过程，基本上是与马斯洛提出的需求层次相一致的。当然，关于自我实现是否能作为每个人的最高需要，目前尚有争议。但对于他所提出的需要是由低级向高级发展的趋势是无可置疑的。

（3）在马斯洛的需求层次理论中，特别重视人的价值和人的尊严。他不仅仅只重视职工的物质利益，而且重视员工的精神利益。这些对资本主义企业管理中心由物到人的转变和管理心理学的诞生有直接的推动作用。

（4）马斯洛的需要层次理论指出了人在每一个时期，都有一种需要占主导地位，而其他需要处于从属地位。这一点对于管理工作具有启发意义。

2.马斯洛理论的消极因素

（1）马斯洛在需求理论中过分强调了遗传在人的发展时所起的作用，认为人的价值就是一种先天的潜能，而人的自我实现就是这种先天潜能的自然成熟过程，认为社会的影响束缚了一个人的自我实现。这种观点过分强调了遗传的作用，忽视了社会生活条件对人的影响。

（2）马斯洛的需求层次理论带有一定的机械主义色彩。一方面，他提出了人类需要发展的一般趋势。而另一方面，在一定程度上，他将这种需要层次看成是固定的程序，视为是一种机械的上升运动，人的主观能动性被他忽视了，同时他也忽视了通过思想教育可以改变需要层次的主次关系。

（3）作为人类的需要等级，马斯洛的调查，无论是年代、范围还是调查对象的层次、数量都是不够的。作为人类需要等级，应该包括不同时代、不同国度、不同层次的人的共同的需要、特殊的需要、个人的需要，同时还应该能够对实现这些需要的途径加以调查研究。按这个标准要求，他的需要等级理论需要充实和发展。

（4）马斯洛的需求层次理论，注重的是一个人所有的需求之间所存在的纵向的联系，而忽略了一个人在同一时间内往往有多种需要存在，而这些需要又会互相矛盾，进而导致动机的斗争。

第三节 自尊需求

在满足了最基本的生理需求、安全需求和社会需求之后，人们开始有更高的需求。在我们的社会中，除了那些极少数的病态的人外，所有的人都有一种欲望，即自尊和受到他人的尊重的需要。例如，人们对个人在社会上的名誉、地位、成就等方面抱有欲望。都希望得到社会的承认以及他人的尊重。

我们通常将这种需要分为两种：第一种是自尊的需要，就是指自己对自己的尊重，是对自己的实力、成就、优势、面对世界时的自信、独立和自由的欲望。这种需要是来自自己内部的一种需要。第二种，得到他们尊重的需要，也就是外界对自己的尊重，例如自己在社会上的地位、声望、荣誉和威信等等。

人们通过尊严的需要，让我们对自己更加自信。通过他人和自己对自己的认可，使人们意识到自己存在这个世界上的价值，自己在这个世界上是有能力、有位置且必不可少的。

如果这种需要一旦受到了挫折，那对人们的打击将是很大的。人们会产生挫败感，会感到自卑，感到自己很无能，会认为自己一无是处。这种情况会让人们失去最基本信心，不敢再做事，严重者会导致缺乏活下去的勇气，甚至会连安全感都没有了，不敢面对人生。严重创伤性的神经病的研究让我们很容易明白基本自信的必要性，并且理解到，缺少了这种自信人们会感到何等无依无靠。这类人则需要通过相当长一段时间的努力，才有可能恢复基本的自信。

自尊建立的基础是不一样的，有的是以自己的真实能力以及别人的尊敬为基础的。我们将其看做基础稳固的自尊，就是说这种自尊是建立在自己真实的才能和成就之上，真正获得了别人的尊重。但有些却是建立在别人的奉承，虚伪的称赞之上的，这种自尊当受到一点打击时就会变得粉碎，可以说是不堪一击。因为他没有"真实"的基础。

基础稳固的自尊，我们也可以将其分为两类，一类是要求成就，要求合格，要求能力的，要求自由独立的自我尊重的欲望。而另一类则是名誉或者威信的欲望，他人的赞扬与重视。

第四节 自我实现需求

　　自我实现需求在自尊需要得到满足后接踵而来。一个人使自己极力发挥自己潜力，为自己所能成为心中所理想的人的行为，我们将其看做"自我实现"。在我们的心中，对自己都有一个标准，也就是自己所要达到的标准，都希望自己可以从事与自己能力适应的事情，都有成就自我的欲望。

　　马斯洛曾经碰到过这样一个案例：

　　一位毕业的女大学生求助于马斯洛。她告诉马斯洛她失眠，没有食欲，月经失调。她感到现在的生活缺少生趣，无聊乏味。马斯洛对其进行了详细的了解，通过询问，他知道了事情的原委：该女大学生一年前于当地的一所还算比较有名的布鲁克林大学毕业，毕业之后她找到了在一个口香糖工厂当人事部门负责人的工作。这是一份报酬丰厚的工作，但是这份工作却枯燥乏味。在当时，这已经是一份美差了，靠着这份工作，她能够供养整个家庭，每一个朋友都羡慕她丰厚的收入。

　　在这样一个相对来说很不错的条件下，是什么原因导致她出现了这样的状况呢？马斯洛与这位女大学生进行了深度的交谈。这名学生告诉他，她曾经是一名优秀的心理系大学生，在毕业后她渴望继续攻读研究生。她个人喜欢做学问，但是由于她的家庭生活的拮据，为了养家，没有办法她只能放弃了自己的学业，从事了这份人事工作，但是这么工作并不是她的兴趣所在，不是她想要的，因此她开始觉得自己的生活已经没有意义了。刚开始的时候，她勉强力说服自己，告诉自己现在这份工作薪酬丰富，家人的生活也不再拮据了，她应该感到自己是比较幸运和幸福的。

可是这样并没有什么效果，随着这种生活的持续，一想到毕生都要从事这种工作，她就开始感到压抑。现在，她觉得内心空虚极了。她的这些话，让马斯洛意识到，真正的问题在于这个你学生认为生活无意义的原因是她认为自己浪费了天赋，她感到没能发挥自己的天赋，没能把自己的才智用于心理学的学术研究，所以感到极为沮丧和苦恼，从而使她对生活感到厌烦，这便导致她觉得什么都没有意义，以至于生理上受到了影响，对正常生活的一些事情也开始感到厌烦。

马斯洛认为，任何天赋、任何能力都是一种动机，是一种实实在在的需求。在这一点上那位女大学生也表示赞成。马斯洛提出了一些建议，告诉她，可以利用晚上这些工作外的业余时间继续学习心理学研究生的课程，保持她在学术上的兴趣。这位女大学生听从了马斯洛的建议，对学习作了安排，然后开始学习，结果进展非常顺利。她在这以后开始变得活跃、快乐而且风趣，慢慢恢复到了正常的生活状态。在马斯洛最后一次与她接触的时候，发现她的大部分生理症状都已经消失了。

这个病例及其他类似的病例不仅在心理治疗和心理咨询方面对马斯洛产生了影响，而且还深刻影响了马斯洛关于人类动机的观点。即便一个人的生理需要、安全需要、爱的需要、尊重需要都得到了满足，他还是会产生新的匮乏与不安。如：画家认为他们只有在画画中实现自己的价值，而对于一名学者而言他必须从事科学研究，否则，他就会感到焦躁不安，难以宁静。一个农民，即使今天田间没有什么活要做，他也会到田头转一圈，否则就会感觉缺少点什么。一个健康的人天性中能成为什么，他就必须成为什么，人们都必须忠实于自己的生物本性。这一需要马斯洛将其称之为自我实现的需要。这一观点或许看起来有点浪漫、有点缥缈与不切实际，但毋庸置疑的是，对于一个成熟的人，一个在生理、安全、归属和爱以及自尊都得到了满足的人而言，他们都知道自己究竟要做什么，并且知道怎么去做。

当自我实现的需求出现时，人们会很乐意参与到现在所做的工作中，因为此时对他们而言，不是生活所迫而参加工作，不是为了金钱，也不是为了获得荣誉，而仅仅出于自己的兴趣。这一层次处于马斯洛的需要层次理论中最高层次的需要。这时候，在这一需要层次中，人希望能发挥出其全部的潜力，他重视的是自我满足，是自我发展和创造力的发挥。自我实现的需要的产生建立在生理需要、安全需要、社会需要和自尊需要都得到了满足。马斯洛把这些需要都得到满足的人称为基本满足的人，一般而言，这种人拥有最充分的、最健康的创造力。

换言之，我们也可以说，自我实现，其实就是一个人使自己的潜力得到发挥的倾向，使自己成为自己所希望能够成为的那种最独特的个体，而满足这一需要所采取的形式是因人而异的。有的人可能想成为一位模范丈夫，有的人渴望称为一名出色的音乐家，有的希望能够在绘画方面取得成绩，还有的人可能想为地球上的动物提供帮助，等等。他不一定是一个创造性的活动，但一个有创造性的人，是会采取这种形式的。

威廉·爱德华兹·戴明：
PDCA循环

第一节 发现戴明

戴明

威廉·爱德华兹·戴明，1900年10月4日出生在美国的爱荷华州，是在美国成长起来的一位质量管理学家。戴明的父亲接受过法学的教育，母亲在音乐方面进行了研修。可以说戴明既拥有父亲的学者风范，也继承了母亲在音乐创作上的爱好。戴明父亲经营着一家农场，但是收入并不是很多，因此戴明家境不是很好，年少的戴明就一直在打工，点亮街灯、除雪，都是他曾经从事过的工作，这些工作每天可以赚到1.2美元的工资。或者他会在饭店内打杂，这些工作可以让他每小时获得0.25美元的工资来补贴家用。

戴明严谨好学，在他小的时候小朋友就称他为"教授"，这就印证了戴明的严谨好学。当然，他可不是我们所想象的那种小老头，因为他并不缺少少年所具有的那些幻想与热情。

戴明也是具有正义感的一个人。在14岁时，他报名参加了墨西哥边境上的一个小战争，并且搭车赶赴战场，但是后来由于年龄不够，不符规定被遣返回家。也幸亏他被遣返，否则如果当时戴明牺牲在战场上，那么世界上就会少了这么一位伟大的质量管理大师了。

1917年，戴明搭火车从鲍威尔镇来到了怀俄明大学，在这里戴明开始了他的大学生涯。戴明为了有时间找份兼职工作，在开学前几天他就提前到达了。戴明找到了一份清洁工的工作，每小时可以赚0.25美元。此外他还兼职铲雪、贩卖清凉饮料等。

戴明于1921年获得了电器工程学士学位。毕业后，他留校一年研修数学，同时教授工程学。在后面的几年中，他分别在科罗拉多矿业学校教授物理，然后来到了科罗拉多大学修读了物理和数学硕士，在1924年戴明获得了硕士学位。戴明即将毕业时，他的导师将他推荐到了耶鲁大学，于是，戴明在耶鲁大学继续开始了数学、物理学的研读。在1928年，戴明顺利毕业并取得了耶鲁大学的物理博士学位。期间，戴明曾经在芝加哥的西电公司霍桑工厂工作，而在工作时他听说了当时在贝尔研究所的休哈特博士。1927年两人终于有机会见面，见面后两人便成了莫逆之交。人们称休哈特为"品质统计控制之父"，而他对戴明的一生更是有着重要的影响。

毕业后，戴明谢绝了西电公司给予的工作机会，他应聘到华盛顿的美国农业部固氮研究所工作。1938年，休哈特受戴明的邀请来到农业部举办了一系列讲座，讲座的内容主要涉及质量控制方面。戴明也曾经利用一年的休假在伦敦大学与R.A.费希尔对统计方面进行了研究。

1939年，美国人口统计局聘戴明为调查顾问。在人口统计局时，他共进行了两次有关抽样技术的大规模应用，1940年的人口调查是第一次应用。他在社会领域中，应用了休哈特的统计质量控制原理。从此，美国人口计量发生了改变，抽样统计代替了原来的总体调查。1942年，伴随着战争的进行，戴明又在工业管理中引入了统计质量控制原理。他和另外两位专家将统计质量控制理论传授给了检验人员和工程师，并在展示生产中得到了应用。1946年戴明在纽约大学工商管理研究所任职时，他的顾问公司也成立了。

1947年，为了帮助日本的战后重建工作，戴明接受了盟军最高指挥部的征召奔赴日本。戴明到日本的主要目的是指导日本人进行人口普查工作。此时，日本希望能够将海外的市场打开，使日本的贸易逆差持续增长的困境得到扭转，日本科技联盟邀请了戴明为大家讲授统计与质量管理。

1950年7月10日到18日这几天里，戴明接受了日本科技联盟的邀请，开始在日本的四大城市授课。吸取了在美国授课时的经验与教训，在日本进行讲座时，戴明将重点放在了品质管理上而不是统计学上。**降低成本的一个有效途径就是高质量，这是戴明品质管理的一个基本立足点。**在以前，质量管理上存在两个误区，一个就是大家都认为质量只是与生产者有关，是他们所要承担的责任；第二个误区是认为高的质量品质必然会使成本也有所提高。戴明为了消除大家的这个误会，不遗余力地进行管理思想的传授。在日本东京有21位企业家极具实力，这些企业控制着日本80%的资本，戴明在这些企业中进行了管理思想的传授。他在传授中特意指出，很多在质量方面的问题其实责任并不在于工人，真正的责任在于管理者。因为生产程序不是由工人制定的，而是由管理者制定的。他还强调：在第一时间就要争取把事情都做对、做好，避免不必要的浪费，这样不但不会增加成本还会使成本降低。

在日本人看来，他们目前最重要的事情是战后经济的恢复与崛起。他们曾经问过戴明：需要经过多长时间可以把日本的国际形象改变，将日本变为一个能在国际市场上具有影响力，具有一定竞争优势，可以生产出高质量产品的国家，让生产劣质产品国家的这个形象从国际中抹除掉。戴明预言："只要五年的时间就可以，但是要求是必须建立质量管理机制，并且运用统计分析，这样只需要五年的时间，在国际上日本就可以超越美国。"当时并没有人相信这个预言。因为在日本人看来，他们现在最大的梦想是只需要恢复战前的生产水平就已经很不错了。虽然他们觉得戴明的这个预言过于乐观，但是他们还是愿意为此按照戴明的这个"乐观的预言"去拼搏一把。因为此时的日本人已经没有什么可以损失的了，他们已经到了底线，只有博一把还有赢的机会。然而，让大家出乎意料的是，仅仅在四年后，日本的产品质量总体水平就超越了美国，戴明的预言成真了。到20世纪七八十年代，日本工业对美国工业造成的巨大挑战不仅仅是在产品的质量上，在经济总量上，日本也对美国造成了威胁。之后戴明回忆说："我曾经告诉过他们五年内他们就可以席卷全球。而这个结果比我预测得还要快，仅仅不到四年的时间，日本的产品已经让来自全球各地的买主为之疯狂。"

由此开始，日本人将戴明看成是质量管理的"教主"。在这之后的30年时间里，戴明带着他的管理思想在日本各地进行培训与讲座。戴明的管理思想在日本享有盛誉之时，在美国依然无人问津。他在日本与美国的不同声誉形成了鲜明的对比。后来，戴明回到美国，他的办公室是在一间潮湿、阴冷的地下室，就如同他少年时在美国的遭遇一样。

而这种状况有所改变是在1980年，这得力于媒体的炒作。20世纪70年代，日本崛起所造成的威胁已经让美国的管理学界感到了焦虑。当时美国产品在国际中的影响日益下降，而日本的产品却开始横扫全球。在1980年，梅森女士，一位电视制作人，她制作的电视纪录片《日本行，为什么我们不行？》，由美国广播公司在全美播出。在这部纪录片中赞扬了日本的制造业，而戴明就是纪录片的主角。由此，可以说是在一夜间，戴明便家喻户晓，成了质量管理的明星。从此，戴明离开了他那个阴暗的地下室，变成了大忙人，戴明接到了络绎不绝的电话，内容都是邀请戴明为他们讲授管理思想。至此，在美国的企业中，戴明开始了他长期的生产质量改善和管理体制的变革。

1981年起，全美各地举行了由戴明组织的"四日研讨会"，每年"研讨会"都会举办二十次以上，前来参加的听众达到了两万人之多。别出一格的"四日研讨会"给管理界带来了巨大的影响，它推动了美国企业的管理改革。

戴明带来的影响终于让美国为之重视，随着他声誉的提高，荣誉也蜂拥而至。1983年，美国国家工程院任命戴明为工程院院士；1986年，他入选位于戴顿的科技名人堂；1987年，当时的美国总统里根为戴明颁发了国家科技奖章；1988年，美国国家科学院又为戴明颁发了杰出科学事业奖。

1990年，年度戴明奖在美国统计协会分会成立，奖项主要是颁发给对改进质量与生产力作出了巨大贡献的人。

戴明为管理研究奉献了自己的一生，他出版过八种著作，其中有五种著作是在他82岁的高龄之后写作完成的。戴明的成名是在日本，但对于美国经济振兴，戴明却作出了不可磨灭的贡献。他将美国经济的命运与自己的工作紧紧地联系在一起，在德鲁克的眼里，戴明对日本和美国所产生的影响是巨大的。虽然祖国对他有过无数次的拒绝，但他并没有放弃，他是一个特别爱国的美国人。

戴明的主要著作

1960年发表《商业调查中的样本设计》。

1986年发表《走出困境：质量、生产率和竞争地位》。

1993年发表《产业、政府和教育中的新经济》。

第二节 **PDCA循环理论**

什么是PDCA循环理论

PDCA循环理论是由20世纪20年代美国质量统计控制之父休哈特博士提出的PDS（Plan Do See）演化而来的，然后由美国质量管理专家戴明逐步发展成了PDCA模式。因此，PDCA循环理论又叫做"戴明环"。

PDCA是英语单词Plan（计划）、Do（执行）、Check（检查）和Act（行动）的第一个字母。PDCA循环在质量管理中也是依照这个顺序，并且不间断循环进行下去的科学程序。PDCA循环的转动在全面质量管理活动的运转中是缺一不可的，我们也可以这样认为：无论是在质量问题，还是在改进水平的各项工作中，都需要运用PDCA循环的科学程序。

我们对PDCA循环可以作出如下理解：在进行各项工作之前，我们都需要提出一个合理的计划，我们需要做什么，怎么做？即，Plan。在确定了计划之后，我们便需要按照计划行事，执行计划，即，DO。在执行了计划之后，我们则要根据计划和目标，检查计划执行的情况和实施效果，并即时发现和总结计划在执行过程中的经验和教训，即，Check。在找出未达到计划目标的问题后，就要对出现的问题进行处理、纠正，对已出的成果加以肯定，对经验进行总结，以便日后工作中避免此问题的出现，为下次循环作准备，即，Act。这些过程并不是只进行一次的，而是不断循环往复的，在一次循环中解决一些问题，仍存在的问题便会留在下次的循环中解决，周而复始，这样便可以形成一个阶梯式的上升。

PDCA循环不仅适用于个体管理，同样可以运用在团队管理及项目管理中，其所进行的循环过程就是发现问题和解决问题的过程，经过这样一个过程，可以使各项工作保持一个持续提高的趋势。

PDCA循环理论的特点

1.PDCA循环是一个周而复始，不断提高的过程

PDCA循环每转动一次，就会出现检查和纠正这个过程，这便意味着一次提高，正如一个爬楼梯螺旋上升的过程。每循环一次发现一个问题，解决一个问题，质量便会随之上升到一个新的阶段，在新的阶段会制订新的计划，进行再一次的审核，再次发现新的问题，纠正问题，如此循环往复，使工作质量、产品质量、管理质量等方面不断得到提高。

2.PDCA循环是一个大环套小环，小环护大环，相互促进推动大循环的过程

在PDCA循环中，我们可以说上一级的循环是下一级循环的依据，下一级的循环是上一级循环的落实和具体化。我们将整个企业质量目标的计划以及实施过程看成一个大的PDCA循环，那么各个部门、车间、小组都将根据企业的总方针和目标，制定自己的目标，这便拥有了小的PDCA循环，这时大环影响小环，带动小环，就这样逐级分层，环环相扣，小的PDCA循环的实施保护着大PDCA循环的正常运行，大环与小环协调配合，使整个工作有计划地进行。

3.PDCA循环是综合性循环，四个阶段是相互关联，不可分割的一个过程

PDCA循环中：计划—执行—检查—行动（总结）这一过程我们可以看做使用资源将输入转化为输出的活动或一组活动的一个过程，上个阶段是下个阶段发生的前提，下个阶段则是对上个阶段的补充与维护，正如有了计划目标才可以执行一样，有了对目标效果的检查才能够得出相应的经验结论，而这次的经验结论又为下个计划目标的制定提供了理论依据。四个阶段形成了一个闭环的循环模式，缺一不可。

4.PDCA循环中的A是关键环节

PDCA循环过程中关键在于A，即：行动、总结与处理。A在PDCA循环中是至关重要的一个环节，只有经历了这个阶段，才可以将工作中的经验教训加以总结，从而指导下一次工作，避免同类错误的发生。如果忽略或跳过此环节，那么在下次循环中就无法防止该类问题的再次发生，质量就无法得到实质性的提高，PDCA循环也就没有了它本应该有的作用，因此，在PDCA循环中，我们要格外注重A阶段。

5.科学管理方法的综合应用

PDCA循环的应用是以质量控制（QC）七种工具，即：控制图（管制图）、鱼骨图（因果图）、散布图（相关图）、排列图（巴雷特图）、检查表（统计调查分析表）、数据分层法、直方图等为主的统计处理方法以及工业工程（IE）中工作研究的方法，作为进行工作和发现、解决问题的工具。由此可见，PDCA循环是科学管理方法的一个综合应用。

第三节　PDCA循环理论的步骤

PDCA循环模式主要分为四个阶段，八个步骤，下面我们对其做出说明：

第一阶段，P：制订计划

这是PDCA循环模式的第一阶段，此时的最大目的是满足用户的需求，取得最大经济效益，我们以这个目的为中心来制订质量目标与计划。这正如在我们平时的生活中，如果要完成一件事情，首先想到的是为达到我们的目的要制订出一个相应的计划。

在这一阶段则拥有四个步骤。

第一步：分析现状，找出存在的问题。在这里我们要注意运用最有利的数据分析现状，因为数据可以最直观、最有力地对现状进行说明。分析数据时可以采用QC的七种工具，例如：直方图、数据分层法、控制图等。

第二步：找到造成问题的所有原因及其因素，在这一步中我们则可以合理运用QC七种工具中的因果图、巴雷特图等方法从各种角度找出造成问题的原因。

第三步：罗列出最主要的原因及其因素，在前一步的基础上，同样运用QC七种工具划分出造成问题的最主要原因和因素。

第四步：针对主要问题的主要原因，提出解决问题的方法，拟定出在管理、组织等方面的措施，制订改进计划及将要达到的目标。

第二阶段，D：执行计划

这是PDCA循环模式的第二阶段，也是第五个步骤，在这一阶段中，主要是针对制订出的计划、目标有效地实施。下面继续沿用团队凝聚力的例子。在第一阶段我们已经制订出影响团队凝聚力的计划和方案，那在第二阶段，就要在我们实际的团队管理中开始执行计划。

第一个计划：进一步完善领导方式中，采用开放民主的领导方式。第一，我们可以先增加领导才能，在这里，领导首先要以身作则，为团队队员起模范和榜样的作用。第二，要明确具体的工作质量、范围、成本等目标约束。第三，要明确团队队员的角色扮演、明确队员的责任分工，充分发挥团队队员各自的优势和作用。第四，要积极充分听取团队队员的意见。在团队方针、路线的制定中，领导应该听取团队队员的意见，这样便可以增加队员对团队的责任感与归属感，让队员具有主人翁精神，这样队员便会全身心地投入到团队的建设中。对团队所制定的方针、路线积极地理解并认真贯彻执行，产生对团队最好的支持。第五，充分发挥领导的激励作用。在工作过程中，由于严格的目标约束及多变的外部环境，领导必须运用各种激励理论对工作班成员进行适时的激励，鼓励和激发团队成员的积极性、主动性，充分发挥团队成员的创造力。

第二个计划，满足团队队员的需要。我们在第四章谈了马斯洛的需求层次理论。从五个需求层次我们可以看出一个团队队员的需求是影响团队凝聚力的重要因素。以目标为例，共同的目标，共同的追求，才会让这个团队具有号召力，才会使队员全身心地投入到这个团队中，为了目标而奋斗。反之，如果团队目标与个人的目标需求背道而驰，队员很难有激情投入到团队目标的建设中。随着团队和个人为目标共同努力，每次的团队目标和个人目标都能够实现，那队员就会具有自豪感，满足队员自我实现的需要。因此我们在制定目标计划时要听取队员的意见，在平时要注重和队员的沟通，了解他们的想法。以便制定出满足团队和个人的共同目标。到这里，随着方式的改变，方法的运用，我们执行了为了提高团队凝聚力而制订的计划。接下来我们将进入第三个阶段。

第三阶段，C：检查计划的执行和实施

这一阶段便是PDCA的第六个步骤，根据制定的计划和目标，检查实施的效果，并及时发现实施过程中存在的问题并总结经验教训。（1）检查是否按计划日程实施，如果没有按时实施，应查找原因。（2）检查是否能按计划达成预定目标，要分析哪个方面出了问题，或哪个方面做得比较突出。（3）分析实施过程中的失败案例，各个部门、管理人员、小组成员在各自的职责范围内查出失败的原因，纠正错误，并总结经验教训。如在提高团队凝聚力中，我们一步步检查计划执行的情况，是否达到了我们预期的效果，如果没有达到，是在哪一步中出现了错误和漏洞，我们要及时检查出来，然后总结、纠正。

第四阶段，A：行动

这一阶段也是PDCA循环理论最重要的一个阶段，即根据上一阶段的

检查，我们总结出在执行中的问题、经验和教训，为下一个PDCA循环的实施提供充分的理论依据。在这一阶段中包含了两个步骤：第七和第八步。第七步，总结这次PDCA循环中存在的问题、经验教训。如在团队凝聚力的提升中，我们经过检查发现在团队目标和个人目标方面，很难做到两者兼顾，在这方面的实施就存在着很大的问题。接下来第八步，我们将这次没有解决的问题放入到下一个PDCA循环中，如在上述例子中可以将团队和个人目标制定方面的问题放入到下一个PDCA循环中去有针对性地解决，而这一次循环中的经验和教训则为下一次的循环提供了依据。

因此，通过上面详细的阐述以及举例说明，我们可以看出，PDCA循环模式是环环相扣、每个阶段相互依存的，是周而复始、不断提高的，是科学方法的综合应用。**PDCA循环模式是质量管理的基础方法，并且适用于多种管理。**

第四节　PDCA循环理论的实际运用

PDCA循环方法在预算管理中的应用

　　预算管理是企业根据长期的战略目标和短期的经营目标，通过编制预算来保证决策在实际生产经营活动中得到贯彻、执行的管理手段。预算管理的过程一般而言，就是编制、实施、控制的过程，它本质上是一项管理工具，离不开好的管理方式和方法。PDCA循环方法涵盖了前馈控制、同期控制、反馈控制三个环节，与预算管理强调的规划（计划）、控制、协调、评价（激励）的职能相呼应，两者可以结合起来，可以有效促进预算管理工作的开展。

1.预算管理的P阶段：预算编报准备、讨论和形成

　　（1）分析企业现状，确定预算管理的范围、重点和难点。预算管理要服务于企业长期发展战略和近期工作目标，在预算的编制准备阶段，要充分回顾企业的战略和目标，明确企业生产经营活动的方向。在战略与目标的引领下，确定企业生产经营活动中各业务单元的工作内容和工作指标。从而形成预算管理的"抓手"，确定纳入预算管理的生产经营活动范围、重点和难点。

（2）分析预算管理的内容，设计明细指标，将预算落实到具体控制点。预算管理一般是由面到点，再由对点的管理实现对面的控制。对预算管理的内容，要进一步分析动因，找出控制节点。业务预算要进一步分解落实，到达基本作业面或作业点。

（3）预算指标的确定。经过对预算管理内容的分析，重点、难点的确定以及指标的明细化之后，基本完成预算指标体系的搭建。指标体系中各指标值的确定应保证企业战略目标的有序实现。指标值应在分析历史数据和与同行业企业进行目标分析的基础上确定。

（4）上下结合，充分沟通，形成预算。预算是企业各级层面必须执行的纲领性文件，预算的可操作性和广泛认同是预算得以顺利执行的重要条件。

2.预算管理的D阶段：预算的执行

预算只有在实际工作中得到较好的执行，才能发挥预算管理作为管理控制工具的职能，才能保障企业目标的实现。D过程就是将A阶段的成果按部就班、有序受控地开展，严格控制例外的发生，是实现预算目标的关键环节。保证预算的执行应该做到：

第一，指令清晰，责任明确。每一个预算指标都是一个指令，指令必须明晰，能细化的细化，能量化的量化。同时要指向明确，责任部门、责任人落实到位。第二，机制约束，绩效考核。将预算指标纳入绩效考核体系，以绩效合约的方式强化预算执行的责任和义务。以绩效考核机制对预算的执行起到推动和保障的作用。

3.预算管理的C阶段：预算的检查

预算执行过程之中或执行之后，要检查执行情况，看是否符合预算的预期结果，还存在什么问题，是必要的事中控制的手段，对保证预算的完成具有重要意义。预算管理的C阶段是对预算管理的事中控制，也是对每个"戴明环"的循环控制，起到承上启下的作用，是开启下一阶段A的钥匙。要保证预算检查的到位应该做到：第一，固化机制，常抓不懈。对预算执行的检查应该是一种常态，不是随机的、偶然的行为。检查的机制成为固化的手段，预算管理的过程才能做到心中有数。第二，发现问题，抓住矛盾。检查的根本目的是为了发现问题，抓住矛盾。预算执行中的问题和矛盾能否及时发现，是下一步解决问题、纠偏矫正的前提和基础。C阶段工作的质量是A阶段工作质量的前提和保证，问题如果不能被发现，就成为未来的风险和隐患，就谈不上下一阶段A的工作。

4.预算管理的A阶段：问题的处理和改进

按照PDCA循环理论，不仅要高度重视事前的计划、事中的执行和过程的检查，更要重视对前三个环节的总结和对存在问题的处理及改进。在PDCA循环中A阶段不是整个循环的简单结束，而是对前三个阶段的总结、对问题的处理和工作的持续改进三方面的统一结合，从而形成本次循环的闭环。在此基础上开启下一个PDCA循环，这个循环显然比上一个提高了一个层次。从而实现周而复始，循环往复，螺旋上升的"戴明环"体系。预算管理的A阶段就是对预算的编制、执行、检查等阶段进行总结分析，及时处理问题，持续改进管理，巩固现有成绩，提高未来绩效，从而保证下一期间预算的顺利执行。

约瑟夫·朱兰：

管理的基本任务

第一节 解读朱兰

朱兰

约瑟夫·朱兰博士，1904年12月出生于罗马尼亚布雷拉的一个贫苦家庭。朱兰博士是举世公认的质量大师，享有质量领域的首席建筑师、质量管理之父、开拓质量管理科学的建筑师等众多美誉。他在从事管理领域的七十余年中，对战后经济的复苏和质量革命起到了巨大的推动作用，更为世界质量管理理念的拓展和方法论发展作出了卓越贡献。

朱兰的祖先是犹太人，父亲是奥地利人。八岁时，朱兰随着家人移民到了美国明尼苏达州，在明尼那波利市成长，成了一个美国人。朱兰父亲的脾气十分不好，还会殴打妻子，生活态度消极。因此，朱兰的家境一直很贫穷。九岁开始，朱兰就开始半工半读。他做过擦鞋童、印刷工、铁路工、报刊记者等十六项之多的工作。他一直认为父亲没有尽到他应尽的责任，这是他不能原谅的。但是，对于母亲，朱兰的态度则截然不同。他将母亲视为他的榜样，朱兰十分感谢母亲，感谢母亲在贫困的环境中，仍然无私地为六个孩子付出了所有。在朱兰看来，母亲的所思所想已经超越了她所遇到的所有苦难，这种为孩子而活的信念，给朱兰留下了不可磨灭的永恒回忆。

大学期间，朱兰的成绩并不是很优秀，这和他半工半读的学习模式有关，同时还有一部分原因，是因为他没有养成良好的学习习惯。

1924，朱兰毕业于明尼苏达大学的电气系。之后便来到了芝加哥西部电气公司霍桑工厂任检验员一职，担任检验工作。在这里，他迈出了走向质量的第一步，也正是这里所拥有的许多重要的先进技术，培养了朱兰现场解决问题的能力以及他的质量控制意识。同年，经过姐姐的牵线，朱兰认识了他生命中第二个重要的女人——他的妻子。朱兰与妻子在1926年完婚，婚后四年，他们共育有两男一女，夫妻携手共度了令人羡慕的82年。

在1926年，朱兰与贝尔实验室的一些统计人员共同为霍桑工厂启动统计的制成管制技术并加以应用，获得了成功。在这个过程中，他遇到了一些质量管理先驱，如戴明、道奇等，这些人都为他迈向质量管理之路打下了坚实的基础。

经过努力，1928年，朱兰在公司成立的质量检验科中任课长；1929年任检验成果处处长；1937年，朱兰担任了公司总部制造部的工程师，自此他开始接近组织的核心；1939年任公司薪资实务工程师。朱兰十分重视工作的安全感，而此时面对着20世纪30年代经济萧条的威胁，朱兰开始在职进修，获得了芝加哥劳约拉大学法学博士学位。

1941年至1945年期间，美国政府将朱兰借调过来任美国政府外国经济行政局助理行政官，朱兰的出色表现，深受长官的肯定。在这里工作期间，他还利用工作之便，为克拉克顾问公司等十几家公司提供了顾问的服务，也借此他累积了一些顾问的实战经验。

1945年9月，朱兰出任纽约大学工程学院工业工程系的教授兼系主任。他讲授的课程有"质量管理"、"会计"、"工业管理"等。自

1946年开始，朱兰开创了一种讨论性的研讨会——经营者圆桌会。召集不同行业的经营者一起探讨管理上所存在的问题是这个研讨会的主要目的。

1949年，朱兰开始了他的创业生涯。通过以前的顾问实战经验，他的自我定位是自由的管理顾问师。除了为客户提供服务外，他还可以自由地做些自己渴望做的研究。

1951年，朱兰如愿地出版了他的著名作品《质量管理手册》。此书的出版为他以后的事业打开了成功的大门。他被许多著名的企业邀请前去授课、演讲。

当时，日本人渴望倾听全世界质量专家的意见并向他们学习。1954年，朱兰应邀访日，应日本经济联合机构和日本科学与工程联盟之邀开设研究班，为日本企业讲授质量管理之道。他是继戴明之后第二位对日本的质量革命有巨大影响力的先驱。在日本之行结束后，经一些高级总裁要求，朱兰准备了一份他对日本质量现状的观察和总结报告，这份报告也就是后来日本科技联盟出版的《质量控制的策划和实施》一书的前身。朱兰对日本的贡献，让日本的媒介作出了这样的评价：朱兰是日本国民拥戴的明星，天皇的宠儿。在以后的生涯中，朱兰共有十次访日经历，这里的大部分时间他都在从事具体咨询活动，例如，对丰田发动机公司的访问。在这次访问中朱兰基于自己对汽车安全方面的考察和经验积累，撰写了《汽车质量观点》的论文，对丰田公司提出了一些颇有裨益的建议。

同时，朱兰和著名的质量管理专家戴明在日本进行了一系列"质量控制"的讲座，他们对日本工业乃至世界工业的影响力可以说是其他管理理论学家望尘莫及的。是他们将质量问题由工厂的车间转移到每个管理者的桌面上，并将其塑造成了一种企业哲学。

朱兰的全面质量观在提高质量、降低成本方面收效很大，很多著名的公司应用了朱兰的全面质量观并获得了成功，在日本企业尤为受欢迎。因此，朱兰的到来，在日本全国上下掀起了全面质量管理热潮，在改变了日本制造业的范式方面更是体现得淋漓尽致。他们将模式由"将产品送出工厂并在他们出毛病时进行维修"转变为"以更具竞争力的价格生产更好质量的产品，而后坐观消费者蜂拥而至你的品牌"。首先实行在汽车行业中，紧接着是电子、钟表、电子产品等占领了大批国际市场。日本企业因为不断提升的产品质量水平而赢得世界上一个又一个市场。此刻，日本的产品迅速走向了全球，实现了经济的快速复兴，同时波及全球的质量革命运动也因此被推向了新的阶段。而丰田公司则是其理论的最佳体现者。

1979年，朱兰创办了朱兰学院和一家咨询机构。1994年，朱兰从朱兰学院退休，任名誉主席，转为了幕后支持者和指导者。1987年，朱兰基金会应运而建，到1997年，基金会移交给朱兰的母校明尼苏达大学，成为卡尔森管理学院的朱兰质量领导中心的一部分。基金会创建的主要目的是为提供学术奖金，赞助与质量管理有关的研讨会，美国国家质量奖就是其最大的受益者之一。

进入20世纪90年代，朱兰仍然担任学院的名誉主席和董事会成员，以90多岁的高龄继续在世界各地从事讲演和咨询活动。他曾在美国及加拿大等多个城市，进行为期一天的讲习课程。

现代质量管理之父——约瑟夫·朱兰博士，于2008年2月28日享尽天年，安然谢世。

朱兰的主要著作及其影响

1951年，《朱兰质量控制手册》出版。

1964年，《管理突破》出版。

1966年，《公司董事》出版。

1982年，《管理高层与质量》出版。

1988年，《朱兰质量计划》出版。

朱兰一生写了大量的书籍，都被当成质量管理的通用参考书，他的《朱兰质量控制手册》至今仍然是这一领域最重要的参考书目。《朱兰质量控制手册》集当代质量管理领域的研究和实践之大成，被誉为"质量管理的圣经"。

TIPS
小贴士

"朱兰博士对质量贡献良多，当代质量技术与质量管理过程，均依循他所提出的步骤而不断衍生发展。透过他的著作，读者也能从朱兰博士的质量思想与发展方法中得到启发。"苹果电脑的创始人史蒂夫·乔布斯用"最深远的贡献"表达他对朱兰的崇敬之情。

第二节 管理的基本任务是什么——质量管理

在进行质量管理之前，我们有必要掌握一些基本的概念。这也是朱兰在为我们介绍质量三部曲前所做的一项工作。

1.适用性

我们需要掌握的就是适用性的含义，在质量职能中的所有概念，没有一个比"适用性"影响更为深远、更为重要的了。所有人类团体（工业公司，学校，医院，教会，政府）都对人们提供产品或服务。只有当这些货物和服务在价格、交货日期以及适用性上适合用户的全面需要时，这种关系才是建设性的。假使这些货物与服务的确适合这些全面的需要，它们可以说是有着市场适合性和合销性。

在这些全面需要中，该产品在使用时能成功地适合用户目的的程度，称为"适用性"。"适用性"这个概念，通俗地用"质量"这个名词来称呼，是一个普通的概念，适用于所有货物和服务。

2.产品

什么是产品？产品是过程所产生的结果，没有过程就不会有产品。

但是这种结果可以是人们所期望的结果，即满足顾客某种特定需要的东西，也可以是人们所不期望的结果，如污染。为了便于理解，对产品定义的说明如下：①产品是一个广义的概念，包括了硬件、软件、流程性材料和服务四大类型。②产品可以是有形产品，如机床、电机、钢材、水泥、汽油、计算机等装配型产品或流程材料，也可以是无形产品，如概念、知识、计算机程序、情报和某项服务等。通常，硬件和流程性材料是有形产品，而软件或服务是无形资产。③产品包括有意识的产品（向顾客提供的）和无意识的产品（污染或副作用）。④多数产品含有不同的产品类型成分。这种产品是被称为硬件、流程性材料、软件还是服务，取决于其主导成分。

3.产品质量特性

如果把各种产品的质量特性归纳起来，则可以概括为产品的性能、寿命、可靠性、安全性、经济性五个方面。

（1）性能。性能是指对产品使用目的所提出的各项要求，就是产品适合使用的性能，也称之为使用适宜性。比如，对农业机械就有种种不同要求，不仅要有耕作机械、场上机械、运输机械，还要有中耕锄草、喷灌、除虫、收割等机械；不仅要有适用于旱地作业的机械，还要有能用于水田作业的机械等。

（2）寿命。寿命是指产品能够使用的期限。例如，灯泡的使用小时数、钻井机钻头的进尺数、闪光灯的闪光次数等。

（3）可靠性。可靠性是指产品在规定的时间内、条件下，完成规定工作任务能力的大小或可能性。一般讲，就是产品不仅出厂时各项性能指标须达到规定要求，而且还要做到"经久耐用"，即产品的精度稳定性、性能持久性、零部件耐用性好，能够在规定的使用期限内保持规定的功能。比如一架飞机，不仅在出厂时性能指标必须符合标准，而且要求在飞行过程中不出故障。所以，可靠性意味着经过一段时间考验，在使用过程中逐渐表现出来的各方面满足人们需要的程度，它属于产品内在的质量特性。

（4）安全性。安全性是指产品在操作或使用过程中保证安全的程度，对操作人员是否会造成伤害事故、影响人身健康、产生公害、污染周围环境等可能性。

（5）经济性。经济性是指产品的结构、重量、用料等制造成本，以及产品使用过程的运转费用、维护修理费用、维持费用、运营费用等使用成本。产品的经济性，不仅是看制造成本，还要特别注意产品的使用成本，要看产品寿命期的总成本。这一点随着经济的发展已为人们越来越重视。

4.适用性的参数

质量特性可分成几个有用的类目或适用性参数。所得到的主要参数可分为：设计质量，符合性的质量，"功能"，"现场服务"。明确这些参数中的差别是十分重要的，因为有些很相似的名词指的却是很不相同的东西。在经理们的会议上，如果有人要求在这些问题上表态："较高的质量花费较多吗？""较高的质量花费较少吗？"一部分人将回答花费较多，另一些人将回答花费较少。这些回答都没有错。一部分人想的是设计的质量，设计"较高"的质量（即更大的适用性）通常要花费得多些。另一些人想的是符合设计要求的质量，这类"较高"的质量（即较少的缺陷）通常花费得较少些。

因为这个未加限制的词"质量"有着多重含义。在未加限制的形式上引用它是危险的。在上述例子里，虽然用了同一"质量"这个词，但一些经理却并没有懂得另一些经理讲的是什么。

5.质量管理

质量管理，就是确定质量方针、目标和职责并在质量体系中通过诸如质量策划、质量控制、质量保证和质量改进使其实施全部管理职能的所有活动。**质量管理是企业管理的中心环节，其职能是质量方针、质量目标和质量职责的制定和实施。**质量管理是各级管理者的职责，但必须由最高管理者领导，质量管理的实施涉及组织中的所有成员，同时在质量管理中要考虑到经济性因素。

质量管理是企业围绕使产品质量满足不断更新的质量要求而开展的策划、组织、计划、实施、检查和监督审核等所有管理活动的总和，是企业管理的一个中心环节。其职能是负责确定并实施质量方针、目标和职能。**一个企业要以质量求生存，以品种求发展，积极参与到国际竞争中去，就必须制定正确的质量方针和适宜的质量目标。而要保证方针、目标的实现，就必须建立、健全质量体系，并使之有效运行。建立质量体系工作的重点是质量职能的展开和落实。**

质量管理必须由企业的最高管理者领导，这是实施企业质量管理的一个最基本的条件。质量目标和职责逐级分解，各级管理者都对目标的实现负责。质量管理的实施涉及企业的所有成员，每个成员都要参与到质量管理活动之中，这是全面质量管理的一个重要特征。

上面的概念含义或许深奥，但是对于有关质量以及质量管理的含义，我们必须要清楚地了解，只有在掌握了这些概念后，我们才能够对质量三部曲进行深一层的了解。

第三节 质量计划

　　质量计划在这里是指开发产品（货品和服务）的一个结构化过程，目的在于确保最终满足顾客需要。质量计划的工具和方法是与开发和提供特定产品的技术工具糅合在一起的，比如说我们设计一款新型车需要汽车工程及相关专业技术；为青少年糖尿病人指定一种有效的保健方案需要吸收专科医生的独特方法。这两种情况都需要质量计划的过程、方法、工具和技术，以确保汽车、糖尿病护理和休闲服务的最后设计方案不仅满足相关专业领域的最佳技术要求，而且还要满足购买和使用这些产品的顾客的需要。

　　质量计划包含了以下步骤：

1. 设立项目

　　一个质量计划项目是组织为了提供一种新的改进的产品所必须进行的有组织的工作，这项工作遵循着与质量计划有关的步骤。一般情况下，设立一个质量计划项目会涉及下面一些活动：识别需要哪些项目来实现组织战略；编制每个项目的使命陈述书；成立实施项目的团队；计划该项目。

2. 识别顾客

这一步看起来似乎有些多余。因为计划者和设计者必然知道谁是他们的顾客。汽车驾驶员、看病的病人，这些并非是仅有的顾客，甚至不一定就是最重要的顾客。顾客是由一整套角色所构成的，我们对此必须加以充分的了解。一般情况下，会有两种客户群：外部客户，是指那些在生产组织之外的顾客；内部顾客，是指些在生产组织之内的顾客。外部顾客的类型，包含了很多种，有些是显在的，有些是潜在的。内部顾客，是指组织中的每一个人都扮演着供应商、加工者和顾客三种角色。每个人会从某人处接受某物，对其进行某些加工，然后再传递给第三人。有效地满足内部顾客的要求，这对服务外部顾客具有重要影响。

3. 揭示顾客的需要

这是质量计划的第三步。有效揭示顾客需要的一些关键性活动包括：对收集顾客的需要进行计划；收集顾客用语言表述的需要；对顾客需要进行分析并排出优先次序；将顾客的需要翻译成"我们的"语言；建立测量单位与测量手段。

经验告诉我们，人类的需要既变化多端，又非常复杂。这对于质量计划团队来说格外具有挑战性，因为顾客的行为不会总与他们所说的期望保持一致。从顾客所表达的或以为的所有需要中识别出最重要的需要，这是对质量计划的挑战。只有如此，产品才会取悦于顾客。

设计一件产品时，实际上有两个互相关联而又彼此不同的方面需要开发：一是技术要素，即产品特征将会如何或它将如何发挥功能；二是人的要素，即顾客从使用产品中得到的好处。这两方面必须综合考虑。

发掘顾客需要是一项复杂的任务。经验显示顾客通常并不会用简单的词语准确地表达出他们需要什么，甚至不经常提到他们某些最基本的需要。

顾客表达他们需要的方式之一是借助于他们所经历过的问题以及某种产品可以解决他们问题的期望。即使人们的需要没有用这些词语表达出来，准确地理解顾客所期望的益处所在也是揭示顾客需要的要旨。

4. 开发顾客需要的产品

一旦充分了解了顾客及其需要，我们便可以来设计能够最好地满足这些需要的产品。产品开发对企业而言并非一个新的职能。大多数公司都有一些设计新产品并将之推向市场的过程。在质量计划过程中的这一步骤，我们将集中讨论质量在产品开发中的角色，以及这一角色如何与一个具体产业的开发和设计技术恰当地结合起来。在产品开发中，产品设计是一个基于技术或职能专长之上的创造性过程。

传统的产品设计者都是工程师、系统分析师、营运经理以及许多其他的专业人士。而在质量舞台上，设计者包括任何一个经验、职位和专长能够给设计过程以贡献的人。产品设计的产出是详细的设计方案、图纸、模型、程序、规格等。

在这一步骤中，总的质量目标有两个：①确定哪些产品特征和目标将为顾客提供最优的利益。②明确为使设计结果能够无缺陷地交付需要些什么。在设计服务时，这一活动的范围有时使人迷惑。例如，在提供医疗保健时，诊断与治疗这一产品在哪里结束?实验室检测、图表分析等过程从哪里开始？思考这一区别的一种可行的办法就是认为产品是"面对顾客"的，亦即顾客所看到的和所体验的。

设计有形产品的人们也可以从思考产品设计的范围中受益。请记住，顾客的需要就是顾客想从产品中获得的益处，设计一个消费类电子产品不仅包括盒子本身的内容，还包括安装和使用的说明以及"求助热线"在内。这一步骤中有六项主要的活动：

（1）将相关联的顾客加以分组。绝大多数质量计划项目都会面对大量的顾客需要。在前面各步骤所获数据的基础上，质量团队可以将那些具有相似功能的需要排序并分组。这个活动不需要太多时间，但能为以后节约很多时间。确定优先次序确保了产品开发的稀缺资源可以最有效地用于那些对顾客最重要的项目。将相关需要加以分组使得计划团队可以"各个击破"，即分成子团队来负责不同部分的设计。当然，这种区分子系统或构成元件的设计方法已经被广泛应用许多年了。或许有所不同的是，这里首先关注的是顾客需要的构成，而不是产品的构成。在这一步骤稍后的活动中将涉及产品的构成元件设计。

（2）确定识别产品特征的方法。在确认满足顾客需要的最佳产品设计方面，有很多互补的方法。大多数设计项目并不会使用所有的方法。但是，在开始设计前，团队应该针对在自己的设计中将要应用的方法制订一个系统的计划。

（3）选定高阶产品特征和目标。设定产品特征目标的准则正如所有的目标一样，产品特征目标也必须满足某些准则。虽然设定产品特征目标的准则与第一步中讨论过的设定项目目标的准则略有差异，但还是有许多相似之处。

（4）产品特征目标的测量。要测量产品特征目标，需要做以下的工作：确定测量单位，如米、秒、天、百分比等等；确定测量方法（即确定测量手段）；设定目标的值。

（5）开发详细的产品特征和目标。对于大型和高度复杂的产品来说，为了进行详细的设计，通常必须把产品划分为多个组件甚至子组件。每个组件一般有各自的设计团队，他们将完成下面所讨论的详细设计。

（6）确定并发布最终的产品设计方案。设计方案经过优化和测试后，就该选定最终设计方案的产品特征和目标了。这也是通过各种形式的文件将产品开发结果正式传往其他职能部门的阶段。这些文件包括有关产品特征及产品特征目标的规格，各种展开表和其他辅助文件。各种口头或书面的指示对之构成了补充。为了完成这一活动，团队必须首先确定产品特征和产品特征目标的批准与发布的过程。产品设计中除了产品特征与产品特征目标外，还应包括那些与最终的产品设计相关的程序、规格、流程图以及各种展开表。试验、现场测试、样机以及其他必要环节的结果要通过验收。如果一个组织已经有了一套批准产品特征目标的过程，还应当根据最新的经验进行重新审查。要提出这样一些问题，如该批准过程是否保证了来自内、外部关键顾客的输入？是否有利于设计的优化？如果尚没有现成的产品特征目标批准程序，那么现在就应该开始着手制定一个程序。

5. 设计生产过程

一旦产品开发完毕，就有必要确定通过何种方法在一个连续的基础上创造并提供产品。这些方法统称为"过程"。"过程开发"是确定操作人员据以满足产品质量目标的具体方法的一系列活动。与此有关的一些概念包括：①子过程：大的过程可以分解为较小的单位以便过程的开发与操作。②活动：过程或子过程中的步骤。③作业：实施一个活动的详细的描述。为了使过程有效，该过程必须是目标导向的，具有具体的可衡量的结果。过程必须是系统化的，活动和作业的序列得到了充分而明确的定义，所有的投入和产出得到了明确的规定；过程必须具有相应的能力，即能够在运作条件下满足产品的质量目标；必须是正当化的，其运作具有明确的职权和职责。

过程的开发所包括的11项主要活动是：评审产品目标；确认运作条件；收集备选过程的已知信息；选择总体过程设计；识别过程特征和目标；识别详细的过程特征和目标；针对关键因素及人为差错的设计；优化过程特征和目标；确立过程能力；确定和发布最终过程特征和目标；确定并公布最终的过程设计。

6. 开发过程控制方式并向运作转移

在这一步骤中，计划人员要为过程开发控制方式，安排整个产品计划向运作部门转移，并确认转移的实施。这一步中有七项主要活动：明确所需的控制；设计反馈回路；自我控制与自我检验的优化；转移计划的审核；证实过程能力和可控性；对向运作部门的转移加以计划；实施计划并确认转移。

一旦计划过程结束，计划方案就交到了运作部门手中。之后的生产产品、提供服务并确保精确无误地满足质量目标就成为运作人员的责任。他们是通过一个有计划的质量控制体系来进行的。控制旨在持续满足目标要求，并防止因不良改变的发生而影响产品质量。对此另一种说法是，无论生产中发生了什么（人员的变动或流失，设备或电气失灵，供应商变化，等等），员工都要能够调整过程或使过程适应这些改变，以保证质量目标的实现。

第四节 质量控制

"质量控制"对于事物的运作而言是一个普遍的过程，它保障稳定性，亦即防止负面改变并"维持现状"。为维持稳定性，质量控制过程对实际绩效加以评估，将之与目标进行对照，并采取措施消除两者的差异。质量控制是质量管理的三个基本管理过程之一，其余两个过程是质量计划和质量改进。

"质量控制"这一术语出现于20世纪早期。这一概念将实现质量的方法，由当时居主导的事后检验扩展成为我们现在所谓的"缺陷预防"。随后的几十年间，"控制"一词有着广泛的含义，其中还包含了质量计划的意思。以后的一些发展又使得"质量控制"的含义有所变窄。"统计质量控制"运动给人以这样一种印象，即质量控制就是由各种统计方法的应用所构成的。"可靠性"运动声称质量控制只适用于检验时的质量，而不包括使用期间的质量。

在美国，"质量控制"一词现常用先前定义的狭义含义。"全面质量管理"则成了一个包容一切的说法。在欧洲，"质量控制"这一术语也只具有比较狭窄的含义。最近，欧洲最大的质量组织将其名称由原来的"欧洲质量控制组织"更名为"欧洲质量组织"。

质量控制与质量保证有很多共同之处。二者均要评价绩效，均要将绩效与目标相对照，均要对差异采取措施。但二者又互相区别。质量控制的基本目的在于维持性控制。绩效的评价是在运作过程中进行的，绩效所对应的也是运作过程中的目标。所产生的信息也为运作部门的人员所接受和利用。

质量保证的主要目的在于确认始终保持着控制。绩效的评价是在运作过程之后进行的，所产生的信息既提供给运作部门，同时也提供给有需要了解的其他方面。其他方面可能包括工厂、职能部门或高层管理人员、有关团体、主管机关、顾客及公众。

质量控制是通过运用反馈回路来进行的。反馈回路具有普遍意义。它对于质量控制中的任何问题都是至关重要的。它适用于任何类型的运作活动，不论是服务业还是制造业，也不论是营利性还是非营利性的。它适用于组织中从首席执行官到普通员工的所有等级层次，无所不包。但是，反馈回路的要素在本质上却有着很大的差异。反馈回路则由以下的过程组成。

1.选定受控对象

产品（货品和服务）或过程的每一个特征都可以成为一个受控对象，亦即反馈回路所围绕的中心。选择受控对象是关键的第一步。受控对象可以来自很多方面，包括：顾客表述的对于产品特征的需要；将顾客需要转化为产品和过程特征的技术分析；直接影响产品特征的过程特征；产业和政府的标准；保护人身安全和环境的需要；避免诸如激怒员工或冒犯所处社区之类的副作用的需要。

在普通员工这一层次，受控对象主要由体现于规格和程序手册中的产品和过程特征所构成。对管理层而言，受控对象则要广泛得多，且更加体现为经营方面。其重点转向顾客需要和市场竞争方面。这一重点的转移要求增加更为广泛的受控对象，进而影响着反馈回路的其余步骤。

2.确立测量方法

选择受控对象之后，接下来的一步便是确定测量过程的实际绩效或货品与服务的质量水平的手段。测量是质量管理中最困难的任务之一，几乎在手册的每一章中都会有所讨论，特别是在产业部分的各章中尤其如此。在确定测量方法时，我们必须明确规定测量的工具（测量手段）、测量的频率，记录数据的方法，报告数据的形式，将数据转换成有用信息所需作的分析，以及负责测量的人员。

3.确立绩效标准：产品目标和过程目标

对每个受控对象都必须制定一个绩效标准，亦即质量目标。绩效标准是人们追求的成果。产品的首要目标是满足顾客的需要，产业顾客在一定程度上经常能够准确表达他们的需要。这类明确的需要直接就成为生产公司的质量目标。与此相对应，一般消费者常常使用含混的词语来表达自己的需要。这类表述必须转化为生产者的语言，才能成为产品目标。

同样重要的其他产品目标还有可靠性和耐久性方面的目标。产品能否达到这些目标可能会对顾客满意度、忠诚度及总费用产生重要影响。产品在保证期内出现问题会严重影响公司的利润率，这种影响会同时体现为直接的代价和间接的代价（失去回头客、坏影响的扩散等）。

生产产品的过程具有两套质量目标：①生产满足顾客需要的产品。理想情况下，每一件产品，全部的产品都应满足顾客的需要。②以一种稳定可预测的方式运行。用质量专家的行话来讲，即每个过程应当"处于受控状态"。质量目标也可以针对部门或个人。

质量目标的设定可以依据下述一些基础：产品特征目标和过程特征目标在很大程度上建立在技术分析的基础之上。部门目标和个人目标应当以标高分析为基础，而不应以过去的业绩为基础。

组织最高层的质量目标尚处在开发初期。就当前所出现的这些做法看来，主要是设定这样一些目标，如满足顾客不断变化着的需要，满足竞争要求，保持高的质量改进率，改进业务过程的有效性，修正计划过程以免出现新的具有故障倾向的产品和过程。

4.测量是关键步骤

要进行测量，我们就需要有测量手段，亦即进行实际测量的装置。

测量手段也就是专门的检测装置。它用于识别某一现象的存在及强度，并将所得到的数据转换成"信息"。这些信息便成为决策的依据。在组织的较低层次上，信息通常是实时的，主要用做现场控制。在较高层次上，需要将信息以各种不同的方式加以整理，以提供更广泛的指标、监测趋势及辨识那些关键的少数问题。受控对象的广泛差异要求具有多种多样的测量手段。其中一个主要是用于测量产品特征和过程特征的大量技术仪器。常见的如温度计、钟表、直尺、磅秤等。另一类别主要是各种数据系统以及相关的报告，它为管理层提供了经过整理的信息。还有些类别利用人员来作为测量手段。问卷和访谈也是测量手段的形式。出于控制的目的，检测实施得非常普遍。这导致人们利用计算机来辅助检测活动并将所获得的数据转换为信息。

大多数测量手段根据一个测量单位来进行评价。测量单位也就是某一质量特征的一个规定的量，据此可以定量地评价这一特征。常见的测量单位的例子如温度数、小时、英寸、吨等。

5.判断装置

判断装置可以是人也可以是仪器装置。无论哪种形式，判断装置均用于执行下面的全部或部分活动：①将实际质量绩效与质量目标相对照。②解释观测到的差异，确定是否与目标一致。③决定需采取的行动。④触发纠正行动。

6.采取行动手段

在任何功能完备的质量控制体系中，我们都需要对于期望的绩效标准和实际绩效之间的差异采取行动的手段。我们需要某种调节装置。这一装置（人工的、技术的或二者兼备）是触发旨在恢复符合性行动的手段。在普通员工这一层次上，这或许就是给办公室计算机发出指令的一个键盘或是调整车床的一个旋钮。对于管理层来说，也许只是给下属的一张便笺。

TIPS 小贴士

总体上来说，质量控制就是在经营中达到质量目标的过程控制，关键在于何时采取何种措施，最终结果是按照质量计划开展经营活动。

第五节 质量改进

　　质量改进过程构筑于由某些基本概念所形成的基础之上。对于大多数公司和管理者来说，持续的质量改进不仅是一个新的责任，而且是对管理风格的一种激烈变革，是对公司文化的变革。因此，在讨论改进过程之前首先掌握有关的基本概念是十分重要的。

　　改进有别于控制，改进与控制不同。质量控制是严格实施计划，而质量改进是要突破计划。通过改进，达到前所未有的质量性能水平，最终结果是以明显优于计划的质量水平进行经营活动。质量改进有助于发现更好的管理工作方式。

　　改进是以项目的方式实施的，所有的改进均是以一个一个项目的方式实施的，此外别无他途。"改进项目"在这里指的是"一个业已安排解决的长期性问题"。改进项目有着多重的理解，在公司的术语表和培训手册中应当加以明确。

　　质量改进是普遍适用的，在20世纪80年代和90年代期间实施的大量项目表明了质量改进适用于：制造业以及服务业；生产过程以及业务过程；运作活动以及支持性活动；硬件以及软件。质量改进应用到了包括政府、教育和医疗等领域在内的几乎所有的产业中。此外，质量改进成功地应用到了公司的所有职能领域，如财务、产品开发、市场营销、法律等。

虽然一些先进企业通过质量改进取得了令人瞩目的成就，但大多数公司却未能如此。有些失败的确是由于不懂得如何改进，但有些则是由于存在着一些不利于确立持续的质量改进体制的内在阻碍。在采取行动之前搞清楚这些主要障碍的性质是很有用的。这些不利影响或者说阻力大致有以下几个方面：

（1）失败造成的错觉。前面提到的成果不佳使得某些有影响力的媒体断言，质量改进活动注定会失败。这一断言忽视了那些先进企业所取得的瞩目成果。此外，先进企业也展示了它们是如何实现这些成果的，从而为其他企业提供了可资借鉴的经验。尽管如此，那些媒体的断言也已经使得一些高层主管在质量改进面前裹足不前。

（2）质量高花费也高。有些管理人员持有质量越高成本也越高的思维定式。这种认识或许是来自一个过时的思想，即质量改进就是加强检验以避免不合格产品流到顾客手中。也可能是来自对于"质量"这个词的两种含义的混淆。

改进产品特征（通过产品开发）这一意义上的更高质量通常需要资本投入。就这一意义而言，它确实花费更高。然而，从减少慢性浪费意义上讲，更高质量则通常花费更少，而且要少得多。那些负责向管理层打报告的人应当仔细定义关键词，明确到底谈的是哪个质量。

（3）对授权的误解。主管们是大忙人，各种新的需要还在不断地剥夺他们的时间。他们努力通过授权来保持工作负荷的平衡。"一个好主管必须是一个好的授权者"这一原则有着广泛的应用，但它在质量改进方面却有点用得过头。先进企业的经验表明，确立持续的质量改进体制要使整个管理当局至少增加10%的工作负荷，包括最高管理层在内。

（4）雇员的担心。质量改进意味着公司行事方式的深刻改变，绝非表面上看去的那样简单。它在职位说明书中增加了新的职责，赋予了职位承担者更多的任务。它要求人们接受团队的概念以实施项目，这在许多公司是一个异端的概念，它侵犯了职能部门的管辖权限。它提升了质量的地位，但同时却对其他方面的既得利益有着毁灭性的作用。它需要培训以使人们学会按照这种方式做事。总之，这是一场大变革，摧毁了平静，也带来了许多不期而至的副作用。

对雇员们而言，这些深刻变化所产生的最为骇人的作用莫过于对于饭碗和地位的威胁。削减慢性浪费减少了返工的需要，从而会减少从事这些返工作业的岗位。取消这类岗位又会威胁到与之相关的基层主管的地位和饭碗。

但是，质量改进对于保持竞争力是必不可少的。不能进步会将所有人的职位都置于危险之中。因此，虽然明知雇员的担心是人们对于令人不安的事情的一种合乎逻辑的反应，但公司除了选择改进别无他途可循。需要做的是设立一种沟通的管道，以解释理由，理解人们的焦虑，并寻求最理想的解决方案。沟通不畅，非正式渠道就会登场，怀疑和流言就会传播。

在质量改进的过程中，我们首先要做的是，确定改进的必要性，换言之也就是立项。

1. 立项

在通过成本收益分析、帕累托分析、投资收益分析后确定进行改进的必要性，进行立项。排定一张顺序单，借助于这张顺序单，就可以表明在此后几个月内要付诸实施的各个项目。经理人员在决定先后顾序时，通常要考虑以下各项：潜在改进项目的规划成本多少或利润高低；一个大型项目将优先于好几个较小的项目；投资收益，凡能迅速"回收"的项目，列为优先是不成问题的；感受到的迫切性，例如，顾客的压力、职工的压力、消费者的安全和产品责任；其他要占用经理们和专门人员时间的问题（如信守交货时间表）；问题易于解决的程度。

2. 组织分工

一项范围广泛的改进规划既经核准，它的正式地位、所需预算以及其他必要条件都已具备，于是就进入到行动阶段。但改进只能在一个项目完成的基础上才能实现。而这些项目所要进行的许多工作，如其责任没有明确划分，这些项目就不能完成。在一切重要的项目中，有两个关键性的岗位，其职责必须分派明确，这就是"指导人员"和"诊断人员"。

指导人员，这就是指定负责某一改进项目、直至最后完成的一个或几个人。指导人员对解决问题的主要贡献在于：①统一目标。有了指导人员，有关的经理们就可把他们的各个优先项目统一起来，以争取公司整体业务的，而不是各部门业务的最佳值。②提出要予以测验的理论。指导人员是指出缺陷原因的主要人物。③握有进行分析和实验的权力。诊断工作需要有各个部门的合作才能取得数据，执行实验等。指导人员可以协调组织合作，因为指导人员通常就是有关部门的主管人。④根据新知识采取行动。一旦查明了原因，并拟定了补救措施，如果指导人员就代表那个要采取行动的部门，实行改进措施的可能性就大大增加。指导小组的成员，应具有协助这一小组圆满地完成上述各项任务的能力。

诊断人员，这是被指定去负责进行详细分析，以发现缺陷根源的一个或几个人。进行这类分析，需要：①时间。要按时整理资料、设计实验方案、进行实验并汇报实验结果，需要投入很多人力和时间。就大部分项目而言，分析工作所需时间较多，不是生产经营的主管人员所能胜任的，因而必须从其他方面组织人力。②诊断技能。进行诊断工作，需要具备专业技能和工作经验，能设计实验方案、搜集和分析资料，并阐明结果。生产经营的主管人员一般缺乏这种专业训练和工作经验。③客观性。分析工作要由那些对现有生产秩序并无既得利益、不带任何（或有意识的）偏见的人员担任。

上述指导人员和诊断人员这两种岗位每一种都是不可缺少的，但没有一种可以单独把一个项目进行到底。

3. 取得领导同意

在20世纪80年代和90年代所学到的经验中有很重要的一点便是：

高层主管的亲自参与对于实现持续高速的质量改进是不可或缺的。这一认识表明，质量管理的发起者们应采取积极措施以使高层认识到：持续不断的质量改进的价值所在；高层管理当局积极参与的必要性；所必需的高层参与的确切性质。

4. 诊断

诊断历程始于分析慢性质量问题的症状。缺陷和差错的证据表现为两种形式：书面或口头描述所使用的语言；为深入检验缺陷而进行的实地观察。诊断是通过一个一个的推测来进行的，是对关于原因的推测加以确认或否定的过程。这一过程包括三个步骤，即提出推测、按照某种顺序来整理这些推测、选择要加以验证的推测。

5. 治疗

一旦确定了原因，诊断历程即告结束，治疗历程开始启动。尽管每个项目的治疗方案都是独一无二的，但选择和实施治疗方案的管理方式却不因项目而变。对于大多数项目来说，都有着多种备选治疗方案。治疗方案的选择是根据提案满足某些基本准则的程度来进行的。所提的治疗方案应当做到：有去除或抵消问题的措施；优化成本；可以为有最终发言权的人所接受。

6. 评审进展状况

高层主管对于进展情况有计划的定期评审是维持待续的质量改进的一个不可或缺的部分。不进行评审的活动无法与那些定期评审的活动在重要性上相提并论。下属会很自然地对上级定期评审的活动给予最高程度的重视。

质量改进的最后一点则是在新水平上控制，保持已取得的成果。

在质量发展史上，朱兰三部曲与戴明的PDCA循环理论，成了具有里程碑意义的、战略思想和管理实践的有力武器。

菲利浦·克劳士比：
第一次把事情做对

第一节　熟悉克劳士比

克劳士比

菲利浦·克劳士比，被誉为当代"伟大的管理思想家"、"零缺陷之父"、"世界质量先生"。1926年6月克劳士比出生于西弗吉尼亚的惠灵市。父亲爱德华·卡尔哥·克劳士比，是一位足科医生，母亲是玛丽·坎贝尔·克劳士比。当克劳士比快要从高中毕业的时候，战争不期而至，他选择了从军。1944年，毕业后他随同伴一起加入了海军陆战队。参战期间，他曾一度在一所医疗学校学习。1947年，毕业于俄亥俄大学，并获得了足外科学位。同年，他收获了自己的爱情——与雪莉结婚。1951年，因为朝鲜战争的需要，他再次成为美国海军陆战队的医药兵。

1952年，克劳士比从俄亥俄州的招聘办公室了解到克罗斯莱公司的工厂在招聘技术员，于是他给该工厂写了一封信，公司便让他参加了面试。克劳士比从1952年到1955年间任克罗斯莱公司质量部初级技术员、质量工程师，并加入美国质量学会（ASQ），这时他第一次接触到质量。1957年，他加入马丁·玛瑞埃塔公司，先后任高级工程师和质量经理。1959年，他升为该公司的质量副总裁。在这里，克劳士比继续发展他的质量管理论研究，并且在真实的环境中进行实践。也正是在这里，他创造出了"零缺陷"的概念。在1964年，他荣获了美国政府颁发的"杰出公民服务勋章"。

1965年，克劳士比来到国际电报公司——ITT公司，任公司的质量总监直至1977年。同年他开始建立自己的咨询机构；1979年，他担任了ASQ的总裁；1979年7月，他在佛罗里达创立了PCA公司以及克劳士比质量学院，同年10月，第一批培训班开课。在其后的十年间，克劳士比将其发展成了一家在世界32个国家用16种语言授课、全球最大的上市质量管理与教育机构，IBM则是PCA的第一个客户。1981年，PCA设立了"灯塔奖"，并开始发展海外业务；1984年，制定了"校友会制度"；1989年，PCA同傲足公司管理咨询事业部合并；1881年，克劳士比从PCA退休，成立了Career IV 公司。

1998年，克劳士比来中国参加上海国际会议，确定中国业务发展计划。2001年8月，克劳士比在北卡罗林纳州高地市病逝，享年75岁。

克劳士比的主要著作及成就

1967年，出版首部著作《消减质量成本》。

1972年，出版《随心所欲的艺术》。

1979年，因对质量运动的杰出贡献荣获ASQ的"爱德华奖"。同年，出版巨著《质量免费》。

1984年，出版《质量无泪》。

1986年，出版《经营有术》。

1986年，被美国筹款执行委员会（SFE）评为"年度杰出慈善家"。

2000年，因"对世界质量管理与教育的伟大贡献"而荣获国际管理委员会颁发的"麦克菲勒奖"；同年，出版《质量迷圈》。

2000年，由于四十年亲身经历的管理经验以及对质量管理作出的杰出贡献，克劳士比荣获麦克菲里奖（W.M.McFeely）。该奖旨在颁给为国际管理委员会（IMC）和在管理界的教育与训练领域有杰出贡献的个人。

2001年，获美国质量界最高荣誉——美国质量学会"ASQ终身荣誉会员"。

2002年，美国质量学会（ASQ）设立以克劳士比命名的"克劳士比奖章"，以提表彰质量管理方面的优秀作家。

质量管理大师菲利浦·克劳士比，对世人有着极其卓越的贡献及深远影响，他终身致力于"质量管理"哲学的发展和应用，引发全球质量活动由生产制造业扩大到工商企业领域。他是世界上最具个人魅力、最有企业家精神、最具传奇色彩的管理大师之一。作为质量管理大师，他掀起了起源于美国，并进而影响了世界的"零缺陷"管理的突进运动；作为企业家，他在数年之内将咨询事业在华尔街上市；作为教育家，他培训的企业家、企业经理数不胜数；作为畅销书作家，他的名字就意味着畅销。

第二节 "零缺陷"的原理与四个基本原则

1.何为"零缺陷"

"零缺陷"管理的内涵就是"第一次就把事情做对",以减少和节约用于变更设计、重新整修返工、售后服务等方面所产生的费用。也可以将其称为"缺点预防",其管理思想是主张企业发挥人的主观能动性来进行经营管理,生产者、工作者要努力使自己的产品、业务做到没有缺点,并向着更高的目标奋斗。"零缺陷"管理是以抛弃了"缺点难免论",树立"无缺点"的哲学观念为指导,它要求全体工作人员"从开始就正确地进行工作",本着"第一次就把事情做对"的思想,以完全消除工作缺点为目标的质量管理活动。

我们需要注意的是,"零缺陷"并不是说缺点绝对要等于零或绝对没有缺点,而是指"要以缺点等于零为最终目标,每个人都要在自己工作职责范围内努力做到无缺点。"也就是说,生产工作者从活动开始时就要本着严肃、认真的态度把工作做得准确无误。在生产中,从产品的质量、成本与消耗、生产周期等方面进行合理安排,一开始就做好,而不是依靠事后的检验来纠正。"零缺陷"特别强调预防系统控制和过程控制,要求第一次就把事情做正确,使产品符合对顾客的承诺要求。

2."零缺陷"思想演变

"零缺陷"管理哲学是克劳士比在几十年的漫长岁月中逐步形成和发展而来的。回眸克劳士比的职业生涯，我们就会清晰地看到"零缺陷"管理思想演变的脉络与发展历程：

第一个时期：1952年至1957年，为"零缺陷"管理思想的探索期。克劳士比在克罗斯莱公司和本迪克斯公司工作，担任公司的质检员、质量工程师，并兼职售货员，在这一时期他提出了"缺陷预防"的概念和质量的基本定义。

第二个时期，1957年至1965年，为"零缺陷"管理思想形成期。此时是克劳士比在马丁公司做质量经理和"潘兴"导弹项目经理期间，他从人类学和管理学方面省思，提出了"零缺陷"的概念和"过程管理"的方法，并将其运用在实践中。

第三个时期，1965年至1979年，为"零缺陷"管理思想发展期。在ITT担任质量总监和公司副总裁的克劳士比从经营管理的角度提出了用钱来衡量质量的基本概念和方法；从文化变革的战略层面提出了"质量组织"、"质量学院"的基本概念和方法。

第四个时期，1979年至2002年，为"零缺陷"管理思想成熟期。在这几年间，克劳士比担任了ASQ总裁并创立、领导"克劳士比学院"。这时，经过研究积累，他提出了"质量免费"原理、质量管理的"四项基本原则"、组织的"质量完整性"概念、"质量领导力"概念，以及"创建质量文化"、创建"永续成功的组织"和"可信赖的组织"的理论与方法。

通过克劳士比职业生涯的回顾，我们可以清楚地看到，"零缺陷"管理思想的形成不是偶然的，是与克劳士比曲折的生活履历以及他独特的个性分不开的。正如他自己所说的："我是从商界的底层起步的，一步步晋升，几乎做过每一种工作，检查员、测试员、助理领班、初级工程师、总工程师、部门负责人、经理、总监、集团公司副总裁——所有这些我都做过。如果命运让我相信工程或会计之神，则我是不会接受这种指甲黑黑的教育的。"

在西方的所有管理大师中，克劳士比是唯一一位接受这种"指甲黑黑"教育的过来人，换句话说就是唯一一位从实践升华到理论、再用理论指导实践的质量导师。虽然说，无需自己孵出小鸡也能总结出孵化的道理，但是，毕竟质量管理是一门实践性非常强的学问，不亲自实践，怎能体会到它在实践中的实用价值。这就是为什么"零缺陷"管理思想在西方被称做"实用主义方法"的原因。

3. "零缺陷"管理思想与四个基本原则

"零缺陷"管理思想已经不是只停留在降低成本上，具体而言，就是树立"以顾客为中心"的企业宗旨，形成以"质量就是符合要求，预防产生质量，'零缺陷'工作标准，用不符合要求的代价衡量质量"等四个基本原则为基础的工作哲学，并通过全员参与，营造出以顾客为中心，"零缺陷"为核心的企业质量环境。其四个原则具体如下：

（1）明确质量定义，是符合要求，而不是好。质量的定义就是符合要求，而不是类似于"好"、"卓越"这样的形容词。质量必须与顾客的要求相符合，我们一旦给予顾客承诺，就必须将其实现。无论是生产的产品还是产生的服务，所有与顾客打交道的活动我们都不需要满足这个要求。为了对质量定义达成一致，上级在对下属布置工作时，必须做到要求要明确，除此之外还要配置必需的资源来帮助员工符合要求。

（2）产生质量的系统是预防，不是检验。质量是通过预防而产生的，而不是通过检验产生的。预防要求我们提前将准备工作做好，要做到把错误扼杀在摇篮中。克劳士比的预防过程包括确定产品或服务的要求和开发；收集数据，并把收集到的数据加以比对，然后采取行动获得结果，这是一个持续改进的过程。通过预防产生质量，要求资源的合理配置。而不是将资源都浪费在纠正问题上。而检验是在过程结束后，将已经产生的缺陷从好的里面挑选出来。

（3）要将工作标准定位在"零缺陷"，而不是"差不多就好"。"零缺陷"和"差不多就好"这两者是两个截然不同的概念和工作标准。了解"零缺陷"的工作标准意味着要求我们无论什么时候，每一次都要满足工作过程的全部要求。这是一种认真的符合我们意愿和要求的个人承诺。但是"差不多就好"只是在某些时候满足简单的一些要求，并不代表着符合要求。因此，我们的工作标准一定是要符合要求，做到"零缺陷"。

为了能够做到"零缺陷"，我们则需要做到：①识别服务对象的需求，并符合其要求；②符合顾客要求，预防缺陷产生，保证交付一次合格；③保证做到每时每刻都提供无缺陷的产品或者服务并完全符合顾客要求。

（4）质量不是以指数来衡量的。"不符合要求的代价"让我们的管理层意识到浪费成本现象的存在，管理层必须不断地通过找出产生错误的成本来衡量质的成本。

质量代表着企业的诚信，讲究质量信誉是企业质量文化的核心。以上四个基本原则是一个整体。也就是说，质量是要符合要求的，我们用不符合要求的代价来衡量质量。预防产生不符合要求的质量，以"零缺陷"作为工作的标准，从而实现顾客的满意度。

第三节 "零缺陷"五大基石

质量

1.对"质量"的理解

我们对克劳士比"零缺陷"管理体系中的"质量"可以从以下几个观点进行理解：

第一，质量是一种态度。态度改变思维，思维决定行为，行为决定结果，结果改变命运，由此我们可以得出态度决定命运。工作成果的好坏取决于一个好的工作态度。许多人把质量认为是QA、QC的事，与他们本人无关，却不知道一个环节的疏漏，会影响到整个产品链的质量，以至于影响到企业的成本、利润，从而改变了顾客对我们企业产品的认知与态度。

一个优质产品的产生，并不是只由一两个人或一两个部门来完成的，而需要在各个部门以及全体员工间的相互配合、互相协助下完成。当"质量是每个人的责任"的观念被推广后，行为方式就会改变。当每个人都意识到"质量是与我相关的"，这时的你就成了提高产品质量的必需因素。当每个人都明确知道了公司的质量目标，并了解到影响质量的关键过程，那么这时候他们就会与同事通力合作，从而创造出卓越的质量管理过程。

第二，质量是一种标准。标准在我们的生活与工作中，可以说无处不在。法律和法规、行为道德的标准、交通准则、行为规范等都是标准。企业中的标准是在公司系统的原则和政策要求下，达到可接受和满足需求的条件以及目标。因此，我们将质量视为一种可以接受的质量标准。

第三，质量是一种承诺。无论是我们所生产的产品还是所进行的服务，它们的最终目的是满足顾客的需求，市场人员在知道顾客的需求之后，会通过一系列的策略来符合和实现这个需求。质量的主动性非常重要，如果企业不能遵守质量承诺，那么企业的策略将会面临着失败。由此可见质量是企业成功的内因，但是最终成功与否则取决于市场的反映，从多个方面来看，这其实完全依赖于企业作为一个体系遵守承诺的能力。

第四，质量不是第一。质量不是第一位的，但是，却是第一位的必要条件。在市场不断扩大的今天，产品已经相当丰富，消费者面临着更多的选择空间，可以有更多的选择。而消费也趋于理性，这导致市场竞争也将更加激烈，企业所面临的则是利润空间越发狭小。企业如果想要在市场中立于不败之地，就必须适应顾客的变化，而不能"孤芳自赏"，仍旧以"质量第一"的不变应对顾客的万变。所以创造独特的顾客价值才是第一位的。这种价值可以是质量，也可以是价格、服务或者其他方面。而这些都取决于顾客。

2.确定质量

在企业的实际工作中，质量并不是一个绝对的观念，它只是一个相对的理念，是一个相对于市场的接受能力、客户认同度的理念。在人们所形成的观念中，只是普遍或笼统地讲质量，并不能将其具体化。对于企业而言，所有产品不可能都处于同一质量水平，而是根据其产品的不同定位，制定不同的质量标准。如果质量过剩，企业的质量付出会无法获得相应的回报，而质量的不足又会损害客户的利益，根本上还是对企业自身的一种伤害。所以，从这点上来讲，我们应该将企业比做我们的恋人而不是上帝，对企业经营管理者而言，上帝永远只能是企业自己，以对待上帝一样虔诚的态度对待客户没有错。而"确定质量"则意味着组织中的高层管理者和基层管理者必须把他们要做的、值得去做的事情做好。

质量成本

1.质量成本的定义

质量成本是指为了使产品能够满足顾客的期望，而必须付出的各项费用，也可以说是为了预防和消除不合格产品而付出的成本。它包括积极和消极两个方面，积极的质量成本是指为提高质量所付出的成本费用；消极的质量成本是指由于不合格产品而造成的损失所付出的成本费用。从细节上而言，质量成本包括三方面：预防性支出、评估性支出和补救性支出。

2.质量成本费用的分类

我们将质量成本费用成四类。

第一类，按作用分为控制成本和损失成本。控制成本是指预防成本加上鉴定成本，是对产品质量进行管理、控制和监督所花的费用。这些费用具有投资的性质，是以保障质量为目的的，是可以预先计划和控制的，所以我们称之为控制成本。故障成本是指由于控制不力出现不合格产品而导致的一些损失，包括内部故障和外部故障的总和。

第二类，按形式分为显见成本与隐含成本。显见成本是指实际发生的质量费用，是现行成本核算中需要计算的部分，在质量成本中大部分费用都是显见成本。隐含成本指不是实际发生和支出的费用，但确实是使企业效益减少的费用。这类费用不会直接体现在成本核算中。

第三类，按与产品的关系分为直接成本和间接成本。直接成本是指生产、销售产品而直接产生的费用。间接成本是指生产、销售几种产品而共同产生的费用。

第四类，按照形成过程不同而产生的阶段成本。如设计成本、采购成本、制造成本等成本类型。

3.以满足顾客要求为焦点

要将这一原则落实下去主要表现为：第一，"以满足顾客要求为焦点"这一问题，企业管理层真正从思想上解决了，而违背这个原则的错位认识已经得到了纠正。第二，"以满足顾客要求为焦点"，这个原则在企业的方针和发展战略、质量方针以及质量目标中，已充分体现出来。第三，企业有专门与顾客进行沟通的部门，建立了沟通渠道，并且定期与不定期地进行沟通。第四，"以满足顾客要求为焦点"已经纳入了管理评审中，并定期进行评审与改进。第五，在满足顾客需求方面，企业经常推行新举措。包括新的产品以及服务项目。第六，当顾客产生抱怨时，可以及时处理，尽量让顾客满意。第七，一切同顾客相关的工作都在不断改进，并取得了显著成效。

4.领导作用

领导人员在"零缺陷"质量管理体系中具有重要地位，企业领导者在质量管理体系中具有以下职责和作用：第一，质量方针的制定者。领导在制定质量方针时必须做到"以顾客满意要求为焦点"，这样才能使质量方针中预防产生质量起到作用。第二，质量职能活动和质量任务的分配者。领导者在进行质量职能和质量任务时协调好，以免造成无法完成任务的现象。第三，资源的分配者。领导要在资源的分配中起到应有的作用，使"零缺陷"质量管理体系可以取得预期的效果。第四，起到带头作用。领导的一言一行都是员工的榜样，因此，领导应该注意自己的言行举止，起到好的带头作用。第五，在关键时刻进行决策。面对企业所遇到的突发情况，种种矛盾和分歧，能够按照即时的质量方针合理处理，果断决策。第六，承担着对"零缺陷"质量管理体系进行持续改进的职责。只有不断的改进和完善，才能够使企业立于不败之地。因此，改进是领导的重要职责之一。第七，创造全员参与的环境。创造环境的主要步骤有：①确定企业的质量方针和目标。②把质量方针和目标与企业内部环境统一起来。③要使全体员工都参与到实现方针目标的活动中去。

5.全员参与

全员参与的质量、全过程的质量管理、全企业的质量管理是"零缺陷"质量管理的三个本质特征。产品质量是企业各个环节和部门全部工作的综合反映。不是一己之力所能办到的。任何一个人、任何一个环节都直接影响着产品质量。因此我们要调动所有员工的积极性，让每个人可以做到关心产品质量，做好本职工作，全体参与到质量管理中。

只有这样，才能产出让顾客满意的产品或服务。第一，全员参与，企业获益。全员的参与，使得所有员工的个人目标和企业目标达到一致，第一个获益的则是企业。第二，全员参与，员工满意。员工是企业的一分子，是企业效益的受益者。全员的参与，可以使员工充分发挥自己的潜力，展示自己的才干，从而在自尊和自我实现等方面得到满足。第三，全员参与，企业所为：①正确对待所有员工。②确定员工参与什么。③建立员工参与的渠道。④提供员工参与的机会。⑤开展多种形式的群众性"零缺陷"管理活动。⑥进行有针对性的培训。⑦严肃处理压制员工参与的人和事。

第四节 "零缺陷"管理的实施步骤

1.树立"零缺陷"质量理念

树立和强化员工的"零缺陷"质量管理理念。①抛弃工作中的"错误难免论"，坚决抵制工作中的缺点和产品中的不合格品，第一次就把事情做好、做对。②树立"每个员工都是主角"的观念。抛弃"在日常的管理中，管理者是主角，他们决定着工作标准和内容，员工只能照章办事"的思想。零缺点管理要求把每个员工当做主角，只有全体员工都掌握了零缺点的思想，人人想方设法消除工作缺点，才会有真正的零缺点运动，管理者则是要帮助并赋予他们正确的工作动机。③侧重于心理建设，"零缺陷"质量管理赋予员工无误地进行工作的动机，我们认为工作的人具有复杂心理，如果没有无误地进行工作的愿望，工作方法再好，也是不可能把工作做得完美无缺的。在这个过程中，公司领导班子应积极树立坚定的态度，以身作则，率先接受和实施"零陷缺"管理理念。在车间，由车间主任直接负责该项工作，成立由车间副主任、班组管理员和工艺质量管理员参加的工艺团队，每周召开工艺质量分析会，结合"零缺陷"的质量管理知识与生产过程中遇到的质量问题进行分析学习，整理分类，将优秀的经验以图文并茂的形式公布在工艺园地和质量看板中，以方便员工学习。并在每天的班前例会上，总结上班生产过程控制中存在的工艺质量问题，强调本班生产过程控制中需要注意的要点和难点，不厌其烦地向员工讲述质量的重要性。通过外培和内培相结合的方式，组织员工学习技术标准，使每名职工都在学习技术、学习标准的过程中不断提高自身的业务技术素质。进一步明确每个岗位、每道工序的标准要求，提高职工"按标准组织生产，按流程进行检验，按标准评价质量，按标准进行考核"的意识和能力，坚定不制造缺陷、不传递缺陷、不接受缺陷的决心。

2.确定"零缺陷"的工作目标

首先我们要确定的就是我们要做到的是"零缺陷"，而不是差不多就好。"零缺陷"要求人们发挥自己的主观能动性去对质量进行管理，每个人都要努力使自己的产品做到没有缺点，向高质量目标奋进。"零缺陷"工作者在一开始就必须把事情做好，而不是在以后来弥补自己的缺陷，通过以后的检验来纠正自己的错误。

在"零缺陷"的实施过程中，最大的障碍就是人们将自己的目标确立在"差不多就好"的工作态度之上。在生活中，人们散漫的态度很有可能就将自己的目标定位在"差不多就好"，这正是"零缺陷"所不能容忍的。举个例子，如果一个生产电视的厂家，生产的电视是由一百万个零部件所构成，那么当这一百万个零部件任何一个出现差错，那么都会导致这台电视出现故障，由此我们可以计算出，这个厂家的电视出现故障的可能性有多大，所生产的产品合格率有多少，这样的产品进入市场后，会给消费者以及厂家自己带来怎样的损失。因此，我们在确定工作目标时就应该很明确地将目标定在"零缺陷"。

3.构建"零缺陷"管理团队

企业的产品是由企业内部所有员工共同合作产生的结晶，在现代化大生产的条件下，生产环节繁多，工艺复杂，流程冗长，单个的企业领导和单个的操作工人是不能独立完成质量管理行为的全部过程的，因此，发挥团队的作用在"零缺陷"质量管理模式中就显得尤为重要。调动企业的各个部门，发挥每一个人的特长，共同达到"零缺陷"的目标。

构建"零缺陷"管理团队包括目标、人员、定位、权限、计划五大要素。第一，团队必须有一个共同的目标，让队员为之奋斗。第二，人员是构成团队的核心力量，这一要素在"零缺陷"管理团队中显得尤为重要。第三，给团队一个合理的定位，定位中包括了一个团队的定位，也就是指"零缺陷"管理团队在是处于企业中什么地位。另一个是个人的定位，是指个人是以什么身份出现在这个"零缺陷"管理团队中的。第四，权限。团队发展与团队领导所具有的权利是息息相关的。一般而言，随着质量管理体系的规范，"零缺陷"管理团队也会逐渐成熟，而团队中领导者所拥有的权利相应越小。第五，计划。"零缺陷"质量目标的最终实现依赖于一系列切实可行的行动方案，我们需要把计划理解为实现最终目标的具体工作程序，然后按计划实施保证团队工作的进度。

4.推动团队执行

这一步中，我们首先要获得高级管理人员的支持。高级管理人员有必要也必须亲自对"零缺陷"的管理思想进行推广。要始终坚定不移地提出公司以质量为基础的价值观。在公司中明确传达"零缺陷"质量管理思想的内容。同时协助"零缺陷"管理团队制订切实可行的"零缺陷"计划。而进行仔细的规划与计划可以确保公司有效的开展"零缺陷"管理。"零缺陷"计划是公司质量管理过程中的重要指导性文件，绝不仅仅与质量管理部门有关，在制订"零缺陷"计划时应当认识到质量管理与生产、销售、财务、研发都是息息相关的，这些支持性部门在执行"零缺陷"计划的过程中起着十分关键的作用。接下来我们就需要推动"零缺陷"管理团队执行计划。在推动执行中，我们以决心和勇气作为"零缺陷"管理团队执行的先决条件；将没有任何借口视作推进"零缺陷"管理团队执行的基本法则。

5.目标评估与激励

　　"零缺陷"管理效果评估包括成果评估，而成果评估又分为了目标实绩评估、完成过程评估以及执行人评估三个项目。具体步骤是由目标执行人进行自我评估，将其评估结果详细记录在目标卡上，然后上报"零缺陷"质量管理团队的负责人。"零缺陷"质量管理团队根据目标卡以及现场检验审定成绩，填在目标卡评价栏中，上报上一层领导。领导再根据财务报表上的数据，参考相关单位的绩效评估，对目标卡上的分数在10%的范围内进行修正与调整。再将分数与绩效根据事先确定的公式综合计算出来。报告给最高管理层进行核定。最后管理层核定无误后，将结果公布。

　　对于"零缺陷"质量管理团队的激励这一方面，克劳士比曾提出过设立"零缺陷日"，这对大部分员工来说将是一个庄严而隆重的日子。他还曾开设过"质量灯塔奖"，这个奖项则给我们带来了三个好处，第一，肯定了那些认真工作、具有价值的员工。第二，对于好的质量给予了充分的展示。第三，有一组可以看得见的"质量灯塔"摆在了我们面前，让我们的努力有了方向。

对于具体的激励措施，则需要我们领导层审时度势，制定一套行之有效的方案，充分发挥"零缺陷"管理团队的作用。

第五节 "零缺陷"在实际中的运用
——荣事达的"零缺陷"管理

早在20世纪80年代中期，荣事达就确立了"零缺陷生产"的精神与原则，在1986年，在国内的洗衣机市场中，荣事达本着以质取胜的信念，着重强调产品质量的管理，提出了"在质量问题方面做到零投诉"、"为消费者提供百分百合格产品"的管理标准。荣事达也确实做到了这一点，要求每个车间，乃至每道工序、每一个员工都要全方位、全过程狠抓质量关。这其实就是"零缺陷"管理在荣事达的最初雏形。

在1991年，荣事达正式提出零缺陷生产。在荣事达的领导看来，荣事达加强生产和质量管理的需要是同"零缺陷生产"的基本精神与原则相贴近的。企业近几年来的生产和质量管理实践与"零缺陷生产"的精神和原则也是相通的，具有较多的结合点。同时，他们还认为对"零缺陷"的追求体现了荣事达追求卓越的企业精神。"零缺陷生产"正是荣事达所需要的管理理念。他们认为应该将"零缺陷"作为企业的管理理念，让其成为凝聚企业管理的主导思想。

荣事达在"零缺陷生产"中，首先树立了先进的质量管理思想。在现今时代，所谓的企业经营管理现代化其实质就是市场化，荣事达"零缺陷"生产的管理思想理念也正是在这一点上树立起来的，将市场作为了质量管理的出发点，围绕市场、面向市场是荣事达质量管理思想的核心内涵。

随着科学日新月异的发展，荣事达人清楚地看到消费者的需求欲望是永无止境的，这也就意味着质量的提高也将是永无止境的，因此企业只能不断提高产品质量，提高质量的创新能力。也正是因为荣事达人看到了这些，所以他们将市场看成是动态的，而不是一成不变的，他们要求全体员工时刻把握市场变化，对企业质量管理中落后于市场发展的部分作出及时的调整，与变化的市场时刻保持着一种"零缺陷"的状态。

同"零缺陷"质量标准理念直接联系，荣事达的质量管理思想包括"防患于未然"的理念，这一理念的基本要求是一开始就做好，在生产实践中所强调的是"上道工序不得向下道工序传送有缺陷的产品"原则。在他们看来，"亡羊补牢，时犹未晚"其实是一种无可奈何的叹息和感慨。如果提前就将"补牢"做好，那就可以避免"亡羊"的损失。在质量管理上正是如此，事后弥补错误要比提前防范错误所花代价大得多。

那么，怎样才能做到防患于未然呢？荣事达将重心放在了所有员工自觉参与质量控制和管理上，如果每道工序的员工都自觉地消灭错误，那么就可以出现我们所希望的"零缺陷"的结果。在这里，我们就需要改变"人无完人，员工没有不犯错误的"这一传统思想。我们要认识到，错误不是不可避免的，而是要我们去自觉地避免。这就要我们将着眼点放在激活员工的自主能动性上，做到全员参与，全员自控，这也是荣事达在"零缺陷生产"的质量管理思想中不同于其他企业的一个特征。

对于以上的质量管理思想，我们可以将其划分到意识形态的范畴。在具体的运作层面上，全员质量责任制则是荣事达在"零缺陷生产"中一个实体的基本制度，这一项制度是对质量管理实行全面覆盖、全员参与和标准化的规范。

（1）全员参与。《质量管理手册》与《质量检测手册》的编制是全员参与的第一步。在这一步中，荣事达将质量管理与检测的标准细化到了每一道工序、每一个员工，质量标准分解到了最基层。

编制《手册》的方法，其实是荣事达全员参与质量管理制度的一个重要环节，因为"零缺陷生产"讲究员工"自控"，所以首先就是要把管理标准落实到每个人，让他们清楚地明白自控的目标和标准。这样，员工在执行"上道工序不得向下道工序传送有缺陷的产品"的规则时便有依据，对于检查和防范本道工序可能发生的错误也有了衡量尺度。而这看起来并不是十分重要的一项工作却是全员参与质量管理、实现员工自控的基础性工作。

（2）全面覆盖。对于全面覆盖，就是指每个人对质量管理责任都有份。为此，荣事达专门创造了一种称之为"出生卡"的责任制度。也就是荣事达为生产中的每一台洗衣机都建立了一张"产品检验流程卡"。这张卡包含了七大类60个检验栏目，囊括了洗衣机在生产过程中的所有环节与工序，每位操作人员以及专职的质检人员都要按照流程完成本工序的质检工作，然后在检验栏中签上自己的名字，当所有的检验项目全部合格后，才会从机身上摘下"出生卡"，换上"出厂合格证"。这一制度详细真实地记录了每一位员工的工作情况以及所需要担负的责任，激发了员工的责任心和成就感，促使他们自觉承担质量管理责任，主动做好自己的工作，实现"从一开始就做好"的最佳状态。

相对于质量责任制度，质量奖惩制度与其是"两位一体"的。作为"自我控制"的辅助手段，奖惩制度也起着必要的激励和约束作用。每月，荣事达都会有一份详细的《工作日志》将每个车间每位员工的产品质量达标情况逐日登记，然后据此对员工的工作进行奖惩。

（3）标准化规范。实现防患于未然的一项重要的保证措施就是标准化规范。每一位员工都要保证自己生产的产品"零缺陷"，这不仅要有明确的质量管理意识，还需要具备自控以及防范差错的实际能力。对此，荣事达则摸索出了一套技术、工艺以及操作的标准化规范。如在操作方面，每个上岗的员工都要按着这套标准的操作规范进行工序操作，不允许有其他无效的操作动作出现，而每位员工上岗前都是经过了严格的操作培训，合格后上岗的。**荣事达的实践也证实了这一点是正确的，标准化规范可以真正实现"零缺陷生产"。标准化规范可以让质量管理意识与实际自控能力达到完美的结合。**

在质量控制方面，研究所的职责则着重于编制技术标准、工艺标准和操作标准，并负责检查监督车间、班组的执行情况等。

除了控制，荣事达还拥有灵敏的质量反馈程序。前面我们说过这是一个动态的市场，产品质量的提高是永无止境的，因而，不可能一次就可以完成对产品质量的管理。产品质量的管理势必会在控制—反馈—控制的往复循环中进行，通过周而复始地控制与反馈不断提高管理水平，从而不断提升产品质量。在质量反馈这一方面，荣事达包括了企业内部质量信息的反馈与企业外部信息的反馈。这些反馈都为荣事达质量管理的进一步完善和提高提供了有力依据。

市场理念、动态理念、"不容许错误"理念、"防患于未然"理念和全员自控理念，构成了荣事达零缺陷生产质量管理思想的五大支柱。零缺陷管理与其他质量管理方法相比，其最大特点是企业中每一名员工都是质量工作的主角，它不是单单从提高质量的工作方法入手，而是偏重于从端正员工对质量的态度着眼。

荣事达实行"零缺陷生产"后，效果显著。但是，"零缺陷生产"仅仅局限在生产环节的质量管理，这样涵盖面就过于狭隘。要构建一个完整的企业总体管理系统，仅在生产环节具有质量管理显然是远远不够的。因此，荣事达在借鉴和消化"零缺陷生产"的基础上又加以充实、扩展和完善，将"零缺陷"精神和基本原则贯穿于企业管理的所有环节、所有层面。这样，"零缺陷"便从单一生产环节扩展到供应、销售及售后服务等其他环节，从单一产品质量管理伸展到物资、资本、成本、财务、科技开发、员工等全要素、全方位的管理，从单一企业延伸到多元多层集团化企业，从传统工厂行政型管理组织转变为现代企业治理组织等的有机综合与统一，构筑起了荣事达所独创的"零缺陷"管理体系。而从荣事达的实践中可以看出，"零缺陷"管理，并不等于说绝对不能有任何缺点，而是指要以缺点为零作为最高目标，不断去追求。

Part 2

第二部分

基础理论
助你成为伟大领导者

切斯特·巴纳德：

经理的岗位职责

第一节 巴纳德一生

巴纳德

切斯特・巴纳德，于1886年在美国马萨诸塞州莫尔登出生，他出生在一个贫穷的家庭，父亲是一位机械工，母亲的娘家经营一间铁匠铺子，尽管家中贫寒，但却很和睦。巴纳德是美国高级经理人员和管理学家，是西方现代管理理论中社会系统学派的创始人。

巴纳德不能参加美国人所热衷的棒球，因为他在身体上天生就有一些遗传性缺陷，并且高度近视。他的母亲在他五岁那年便离开了人世，这使得他养成了独立、矜持、很少参加集体活动的习惯。看书是巴纳德的最大爱好，这或许可以说对他以后的职业生涯有着极为重要的影响。同时巴纳德在钢琴上也有很高的造诣，这缘于他对音乐的喜爱。

在巴纳德15岁那年，由于巴纳德认为外祖父可以给予他学校所提供的一切教育所以学习成绩十分优秀的他辍学了，之后，他谋得了一份工作——钢琴调音师。在这时期，他自学了法语。1904年，巴纳德信奉了耶稣基督，受到宗教信仰的激励以及在牧师的帮助下，他又重新回到了学校，开始接受正规的教育。他以98分的高分考入了蒙特赫学校，正式进入了蒙特赫学校学习。由于远离了家庭以及工人队伍，在精神上巴纳德承受着很大的压力，他显得烦躁与不安。幸运的是，巴纳德所在的是一所宗教学校，学校拥有自己的牧场、果园和工场，出身贫寒的学子可以在这里获得勤工俭学的机会。而体力劳动正是治疗精神衰弱的有效方法。所以，巴纳德并没有参加第一学期的课程学习，而是在学校的牧场里打工，干些力所能及的活，例如堆干草，赶马车或者耕地等。劳动后巴纳德的身体得到了康复，这也让他重拾信心。

1906年，巴纳德进入哈佛大学学习，主攻经济学。在大学期间，由于家境贫寒，所以他在大学靠教授钢琴课为生。在1909年，巴纳德读完了哈佛大学所有的经济学课程。但是由于缺少实验学科的成绩，巴纳德未能获得哈佛大学的学士学位。但是这并没有影响他以后在研究组织和管理理论方面作出杰出的贡献，也因此，他先后获得了7个名誉博士的称号。

1909年，巴纳德进入美国电话电报公司，巴纳德刚开始从事的工作，主要是利用自己的外语优势对不同国家的电话收费制度进行翻译与研究，后来在该公司的统计部工作。由于巴纳德的工作成绩突出，在1915年，他被提升为该公司的工程师。而在"一战"结束后，他更是得到了美国电话电报公司的重用。在1922年，他进入宾夕法尼亚贝尔电话公司首次担任一般管理工作，任公司的副总经理一职。1926年，巴纳德任该公司的总经理。

1927年，巴纳德成为规模庞大的新泽西贝尔电话公司总经理。并且担任该职务长达二十年之久，直至1948年退休。在20世纪30年代经济大萧条期间以及第二次世界大战期间，巴纳德在贝尔公司的经营上很不顺利。巴纳德的矜持以及自负，导致他在管理上过于保守。当时，自动拨号电话在许多公司已经开始得到广泛应用，但是巴纳德通过认真计算得出了只有在大型城市的应用才能使自动交换机在成本效益上划算的结论。因此，贝尔电话公司此时仍然是用人工接线的老方法。在1947年，公司由于接线员的一次罢工，财务状况开始走下坡路，公司为这次罢工付出了沉痛的代价。时隔不久，出于对公司的考虑，巴纳德来到了洛克菲勒基金会工作，至此，他彻底离开了贝尔电话公司。对于这次事件，有的学者对巴纳德给出了这样的评价，即我们只能把巴纳德看做一个理论家，不能看做一个实践家。巴纳德将注意力全部放在了理念上，即能深刻地理解组织协作与组织的凝聚力，而忽略了公司经营的目标以及利润目标这个实践。

1937年年底，巴纳德在波士顿洛威尔学院做了八次报告。1938年出版的《经理人员的职能》一书，就是以此为基础写成的。

通过长期的管理实践，巴纳德积攒了丰富的经营管理经验，在此基础上写出了许多重要著作。在美国行政管理学史和组织理论研究史上，巴纳德是努力将组织思想上升为完整理论，并取得伟大成就的少数几个人之一。

巴纳德可以说是自学成才，他很喜欢阅读帕雷托、韦伯、卢因等管理学家的著作，并受到亨得森的影响。亨得森虽然是位生物学家，但他通过对系统思想进行研究后便将它引入到了社会学中。人们经常会看到巴纳德与亨得森在一起讨论问题，巴纳德后来在管理学中也引进了系统思想，他在社会系统理论的建立方面很多的启迪来自亨得森。

在巴纳德的思想中有着人道主义的成分。尊重每个职工独立的人格是巴纳德人道主义的主要表现。在他看来，承认职工的个人进步对人际关系的进步有着重要的意义。要清楚地认识到在人的生活中存在着来自多方面的各种互相冲突的力量，而我们必须能够找出一种"恰当的平衡"。将这些差异结合起来，从而避免使之极端化。而使各种相互冲突的力量以及各种不同的需要与目的维持一种恰当的平衡就是经理人员的职责。

巴纳德的主要著作及其影响

1938年，《经理人员的职能》出版。

1940年，《集体协作》出版。

1945年，《经理人员的教育》出版。

1948年，《组织与管理》出版。

1938年出版的《经理人的职能》是巴纳德的成名作。该书并不像我们想象得那样通俗易懂，但却是一本引人入胜的书。该书作为巴纳德的成名之作绝非偶然，它可以说是巴纳德从事企业管理工作的毕生经验总结。在巴纳德担任联合服务组织最高管理人员的时候，他一直对描述组织的活动，描述组织有关人员之间的社会关系和私人关系有着十分浓厚的兴趣。这些经历为他著述《经理人员的职能》一书做了充分的准备。

巴纳德研究方法与传统组织理论不同，他的研究并不是以组织的存在为前提的，对组织的构成以及组织运转的规律性进行研究，是以构成组织的个人为出发点，研究个人为什么会参加协作活动，从而建立组织，并在此基础上，提出了协作系统这一概念。

巴纳德将社会学的概念用到了管理学的研究上，并把其研究重点放在了组织结构的逻辑分析上。在《经理人员的职能》一书中，他提出了系统组织理论。至此，巴纳德独创性地提出了组织的概念。巴纳德认为组织是一个有意识地对人的活动或力量进行协调的体系，其中最关键的因素就是经理人员。在此基础上，巴纳德又阐述了正式组织的定义、正式组织的基本要素以及正式组织与非正式组织的关系。

巴纳德认为正式组织是有意识地对两个以上的人的活动进行协调的一个体系。而协作的意愿、共同的目标和信息交流是正式组织的基本要素。所有各种组织不可缺少的、普遍存在的一个要素就是协作的意愿，组织都是由许多具有社会和心理需求的个人组成的协作系统。而每个人都会具有属于他自己的一定的个性。这里所说的个性包括：心理因素、选择力、目的等等。都具有个人的自由意志，都有选择力和判断力以及决策力。个体在加入协作系统后必须使个人行为非个人化。比如说，作为工厂的一名工人，我们就必须按照工厂规定的时间上下班，不能随着自己的意愿迟到或早退。必须严格按照工厂机器运转的规律进行操作，不能够简单地按照自己的想法对机器进行操作。

《经理人员的职能》一书，语言上虽然有些晦涩，但它在管理学发展史上的夺目光辉，仍是无法掩盖的。

切斯特·巴纳德在组织管理理论方面的开创性研究为现代组织理论奠定了基础，许多学者如我们书中所提到的西蒙、德鲁克、明茨伯格等都极大地受益于巴纳德，并在不同的方面有所发展。巴纳德的组织管理理论可以说是连接科学管理和现代管理理论的重要桥梁。

巴纳德认为，在一个正式组织内，经理人员的作用就是在组织内充当信息运转的中心，并在组织中协调成员的活动，保证组织的正常运转，从而实现组织的目标。因此，经理人员的主要职能有以下几个方面：

1.建立和维持一个信息联系的系统

组织的每一个成员通过彼此间的联系组成了一个相互关联的整体，组织成员接受组织规定的共同目标，并共同为这个目标奋斗。而这一切都与信息有着密切的关联。信息管理系统，就是组织进行这一切活动的必要条件。想要使组织的每个部分在统一的指挥下开展活动，达到组织的共同目标，就必须建立有效的信息系统。而经理人员正是处于组织的信息中心，通过对信息系统进行指挥，从而协调组织中成员的活动的。信息系统其实就是管理系统和指挥命令系统。

信息系统的主要构成因素，一是组织系统或组织结构；二是处于各级信息中心地位的管理者。这两个因素相互补充，缺一不可。如果我们无法确定组织结构和管理职位，那么我们就会因此无法发挥管理者作用。但是，如果没有管理者，组织结构也是空的，一旦职位出现空缺，形成组织的"真空地带"，则不仅这部分系统无法运作，而且会影响到组织结构。因此，建立和维持组织的信息系统应包括设计组织结构、配备人员和管理者与非正式组织的关系三方面内容。

（1）设计组织结构。组织结构的设计受到了组织中其他因素的影响，如劳动分工、地点、技术、排列顺序以及人们之间的合作精神等，所以设计组织结构包括组织内部在职能上、地理配置上、任务上的分工和各级职位的权责规定。这些内容分别通过组织图和职务说明书等形式表现出来。组织结构的设计必须与组织的目的和性质相适应，是为组织的目的服务的，这种设计事实上是对组织的目的进行了合理的分解后在组织结构上体现的。

（2）管理者与非正式组织的关系。巴纳德认为，管理者必须重视非正式管理组织所起的作用。他认为，管理组织中不可缺少这种非正式管理组织所具有的促进信息流通的功能，管理组织可以通过这种非正式组织作用而变得活跃起来。

这个非正式的组织有利于信息联系和保存整个组织，这是因为信息之间的联系必须以相互之间的信任为基础，经理之间的联系更是需要高度的个人了解，非正式组织中虽然各工作人员的能力不同，但是都能够融洽地相处，这正是非正式组织的一个重要优势。非正式的手段可以将问题提出来进行讨论协商而没有必要进行决断，这样就不会加重经理的负担，可以使不利影响降低到最低程度并且符合组织目标，从而有助于正式组织的维持和发展。

为了维持信息的有效流通，我们就要维持非正式管理组织的存在。维持人们之间的协调状态是我们可以采用的一种方法。另外，我们在对管理者进行选拔时，必须要考虑到他的学历、性格等，进而尽可能地达到符合人们之间协调的条件。

（3）配备人员。要使信息联系系统正常发挥它的作用，就要选择符合条件的人来担任管理者，为其配备合适的人员。在配备管理者之前，我们首先应当管理者应该具有的条件。巴纳德认为，一个管理者应该符合以下的条件：

第一，必须忠于企业的组织，如果管理者不能忠于职守，指挥系统或信息系统就不能发挥应有的作用。

第二，管理者必须具备相应的能力。巴纳德将这种应具有的能力分为一般能力和特殊能力两种。一般能力是指从事各类工作所必须具备的能力，这是无法直接传授的能力，是靠我们长期的锻炼以及在经验的积累中逐渐养成的。特殊能力则是指所从事各项专门工作所需要的专业能力，它是由组织的分工决定的，是一种可以通过我们培训而形成的能力。

对于以上所提出的条件，实际在我们的现实中，完全具备这些素质的人极少。因此，要尽可能缩短信息路线，并设立必要的参谋人员，从而可以保证我们的管理者能在时间、精力和能力等方面适应组织发展的要求。并要求合理的激励机制使他们的能力得到正常的或超常的发挥。善于领会组织的复杂性和整体性，通过各项措施使组织正常地、协调地工作是我们管理人员最重要的品质。管理人员还必须领会到与组织有关的整个外界形势和所应承担的责任。

巴纳德强调，随着组织机构的发展，人员的选拔、晋升、降职和解雇等问题日益成为我们维持信息系统的核心问题。**管理者是否充分发挥了控制或监督作用，对我们解决问题起着至关重要的影响。当信息结构**

和人员配备不得当，管理者控制和监督力度不够时，就会出现组织的效率低下的现象。因此我们要更加重视我们在人员配备方面的问题。

2. 确定组织的目标

巴纳德指出，这项任务不是由某个经理人员单独完成的。组织的目标不但需要由语言来规定，更要由行动来阐明，而组织中所有人员的行动在总体上比语言更具有说服力。一项组织目标只有被所有的组织成员接受以后才是有效的。因此，组织的共同目标必须用各个部门的具体目标来予以阐明，由各个部门成员的行动表明。事实上这就是把权力和责任授予各个部门，使各个部门为了实现目标而相互联系协调，共同为组织目标的实现作出贡献。

在巴纳德看来，授权其实是一种决策。这种决策所要追求的目标就是在协作系统的内部对各种不同的权力和责任加以安排，以使组织的成员知道为了所追求的目标，他应该作出怎样的贡献。决策包含分析和综合两个方面：分析，就是寻找能够实现组织目标的"战略因素"；综合，就是认识到组成一个完整系统中各个要素或部分之间的相互关系。

巴纳德列举了关于决策客观要素的两点：目的和环境。就目的和环境的关系而言，有了目的我们才可以识别出环境中对目的有影响的因素。另一方面只有认识到了我们所面对的环境，才能够正确地确定目标。目的在这里之所以作为客观要素，是由于现在的目的是依据过去的条件进行决策的结果。所以，现在的目的对新的决策来说，就成了客观事实。尤其在进行组织决定时，组织目的对决策者来说，就是客观的事实。

组织的决策包括了两种因素：心理因素和事实因素。心理因素指在制定组织目标时必须考虑的道德因素和价值观思想判断。至于决策的事实因素就是指在制定组织目标时应该考虑的一定目的和一定环境下决策的客观存在。合理决策的客观存在性，本质上就是通过分析过程来体现的。所谓分析过程，就是上述目的和环境相互反映、依次渐进的决策过程。

以上述客观因素为依据，巴纳德提出了战略因素的概念。所谓战略因素就是实现某种目的所必需而当时又不存在的客观的或者主观的制约因素。战略因素（制约因素）和补充因素是会变化的；制约因素若被控制，就变成补充因素，而其他因素可能成为战略因素。我们会根据某个时刻实现某个目的来决定什么是战略因素，这就决定了我们为了实现目的而需要采取什么样的行动。

确立组织的目的和目标可以说是一项广泛且分散的管理职能，它涉及管理组织的每一个层次。在现实的决策过程中，组织的目的是通过每个管理层次不断地被分解、分工和修正的。位于最上层的全面管理者确定出组织的基本方针、目的和方向。依据基本的方针和目的，中层的部门管理者制定出本部门每月的具体目标；基层的管理者制定出每日的作业目标。一般而言，上层进行一般的、抽象的、长期的决策；下层进行特殊的、具体的、短期的实施决策。因此，这一职能的执行过程，实际也是责任划分或授权的过程。组织目标经过不断分解，最终必然要包括每个人的决策。

正是由于这是一项广泛分散的管理职能，因而在其执行过程中，如何使组织的每一个层次，特别是基层人员都能理解和接受组织的整体目标，便成为一项必须解决的难题。因为，直接推动环境、实现组织目的的是处于组织基层的人员，他们的努力程度左右着组织目标的实现程度。如果他们不能理解和接受组织的目标，这个目标就会成为一个不可能实现的目标。因此，管理者必须经常与基层人员沟通，让我们的基层人员了解什么是组织的整体目标，应当如何把局部目标置于整体中的适当地位。同时，作为管理者要经常了解并掌握基层人员的活动情况和个人的具体决策。

3.确保成员的协作活动

组织的实体是人的协作活动，因而管理者的一项重要职能就是要确保组织成员的协作活动。巴纳德把这一职能分为诱导人们与组织建立协作关系和调动他们积极参与组织活动两个部分。

（1）诱导人们与组织建立协作关系。对于一个新建的组织而言，第一个需要面对的问题就是必须使人们同组织建立协作关系，也就是参加组织。管理者在执行这一职能时，更多是采用通过诱因与说服的方法，在一定的范围内行使其影响力。

（2）使组织参与者积极参与协作活动。能否加入组织和加入组织后能否积极参与组织活动是两个不同的问题。有些人虽然加入了组织，但却依然会坚持个人立场，要使他们积极地参加协作活动，为组织作贡献，就需要对他们进行教育、提供诱因和行使权力。他们同组织的关系是否进一步密切，能否从协作活动中得到个人的满足，决定着他们会付出多大的努力，并且也影响着还没有参加组织的人对组织所抱的态度。因此，此项职能执行得如何，则对组织的未来发展起着决定性影响。

4.从组织成员那里获得必要的服务

这些服务主要包括：招募和选拔能最好地作出贡献并协调进行工作的人员，即采用巴纳德所说的维持组织的各种手段，如：士气的维持；

诱因的维持；监督、控制、检查、教育、训练的维持，以此来维持协作系统的生命力。

TIPS 小贴士

在一个正式组织中，经理人员的作用就是在一个信息联系系统中担任相互联系的中心，并且对组织成员所进行的协作活动进行协调，从而使得组织正常运转，实现组织的共同目标。经理人员的职能，无论是从一般意义上来说，还是从抽象形态上来说，都不是孤立存在的，而是相互联系的，是一个有机整体中的系统要素。

第三节 经理人的权威

巴纳德认为，作为企业组织领导核心的经理人员，必须具有权威。在传统的组织理论中，把权力看成是管理人员的权力，认为这种权力是由上级至下级层层授权、建起来的组织的权力系统，下属的个人动机和态度被这种传统的观念完全排除在外。巴纳德提出的权威的概念却与此相反。他指出，所谓的权威，就是正式组织内部所存在的一种"秩序"，一种信息交流的对话系统，是个人服从协作体系要求的愿望和能力。这一概念指出了命令具有被人们接受的性质。一项命令在被人们接受的时候，就表明人们确认了它的权威性；而如果这道命令没有被人们接受，就表明人们否认了它的权威性。权威是由作为下级的个人决定的，给予一种自下而上的解释。也就是说，一道命令的权威性取决于接受命令的人，而不是发布这道命令的人。一些管理者的失败是因为他们无法在组织内部建立起这种体现权威的"秩序"。

要想个人承认指令的权威性并且愿意接受指令，那应该具备以下几个条件：第一，接受指令的人必须理解这项指令，而没有被理解的指令是不具有权威的；第二，在接受指令的人接受这项指令时，必须使他相信这道指令同组织的目标是相一致，没有矛盾的；第三，必须使接受指

175

令的人相信这道指令同他的个人利益也不存在矛盾，否则他也不能接受指令，而是会采取回避的态度；第四，在精神和体力上，接受指令的人要能胜任这道指令，否则他一样会排斥指令。

对于以上四点条件，巴纳德还作出了以下详细的说明：

（1）如果指令无法被人理解是不可能具有权威性的，如一些令人费解的指令、没有具体的执行细文、空洞的原则等。

（2）如果执行人认为指令同组织的方针、目标不相符合，指令也难以得到执行，在管理中最常见的就是所发出的指令是自相矛盾的，让人们无所适从，难以执行。

（3）当发出的指令被接受者认为会损害个人利益时，那么他就缺乏执行这道指令的积极性，而这种积极性正是使任何指令具有权威性的客观基础，在这种情况下，他很可能会排斥、不服从指令。

（4）如果我们让一个无法完成指令任务的人去执行这道指令，那他就会显得心有余而力不足，结果只能是拒绝执行或敷衍了事。

从以上我们可以看出，权威的决定因素存在于被领导者之中，而决定被领导者服从的权威条件，则由以下几点因素决定：

（1）组织发布的命令都符合以上四项条件。对于经理人员而言，建立和维护威信最重要的就是不要发布无法执行和得不到执行的命令。当需要发布有可能难以被接受的命令时，则应该事先进行必要的说明和教育，采取能够刺激其积极性的措施，以防止出现有损权威的现象，确保指令能够得到执行。一些缺乏经验的基层经理人员由于对权威缺乏了解，结果导致他们领导下的组织出现混乱局面。一些有经验的经理人员有时候却又由于没有自制力或滥用职权，也会发生类似问题。

（2）每个人都存在一个"中性区域"，在这个区域的界限内，大多数人乐于接受命令，不会去问命令的权威性。在这个"中性区域"中，每个人不允许提出有关权威的问题而必须接受指令。接受人通常采取的是无所谓的态度，而不会过问指令的权威性问题。这个"中间区域"的范围可大可小，如果只是一味要求个人作出贡献，而不考虑给予相应的报酬，那会使接受命令的范围越来越小。同时领导者个人方面的因素也会影响到"中性区域"的范围。当领导者由于个人能力而造成的权威和由于地位本身形成的权威结合起来时，"中性区域"的范围就比较宽广。但巴纳德更多还是强调"权威由作为下级的个人来决定"，因为对于各种命令，个人总是可以有所选择的，或者接受，或者不接受。

（3）组织的有效性取决于个人接受命令的程度。因此，不服从组织的指令，否定组织的权威，对所有与这个组织体系相关的其他人来说，实际上构成一种威胁，除非他们也认为这种指示是不能接受的。在特定的时间内，多数人对属于"中性区域"范畴的命令乐于接受，以维护组织的权威。这种多数人的意志是无形的，这就是人们常说的"舆论"、"组织意愿"、"群众情绪"、"集体态度"等等。这种意志多数有助于产生一种幻觉，似乎权威是来自上面。这种幻觉又有助于鼓励个人接受上司的命令，而不使他们感到这样做是卑躬屈膝，或害怕脱离群众。

以上所谈论的仅仅是权威的主观因素方面，从被接受的组织指令自身方面来看，必须要具备以下几个条件，才可以被人们接受。

（1）发布指令者必须具有职位权威。让接受指令者相信这道指令发自信息中心也就是具有管理职位的人，具有"职位权威"。我们需要注意一点，"上级"不等同于权威。严格地说，"上级"只有在能够代表组织的意志或组织的行动时才具有权威。这就是我们常说的，只有当一个人作为正式组织的代表进行活动时，他才具有权威并能发挥其相应的作用。这一原则在法律中是众所周知的，特别在世俗的和宗教的实践中可以更加清楚地看到，这就是我们所说的"权威存在于组织之中"。一个组织发布的指令只对本组织的成员发生效用，对于组织以外的人毫无作用。就像一个国家的法律效力只有对本国公民才具有作用，而对其他国家的公民没有意义一样。一项由权力中心发布的指令具有权威的性质，反之则无。这种权威与身处权力中心的个人的能力关系不大。一个人可能本身能力有限，但由于处在"上级"的地位，他的意志自然地得到重视和贯彻，这就是"职位权威"。

（2）发布命令者必须具备领导权威。领导权威是由管理者个人的知识和能力决定的，与他的职位没有关系。必须使管理者的职位权威同他的知识和能力结合起来，他的命令才能使人相信和接受，从而才能有权威。

当"职位权威"和"领袖权威"同时发挥作用时，才会在组织内部产生巨大的信任感，处在"中性区域"以外的群众也乐于接受组织的指令，这样组织才可以说建立起真正的权威。

归根结底，最终决定权威的是个人。如果上述"职位权威"是一种无能的表现，甚至无视客观条件而滥发指令，又或者说"领袖权威"忽视群众的意愿，这种情况下，权威就会丧失。所以，要维护这种权威，身处领导地位的人必须能够随时对准确的信息进行有效地掌握，从而作出正确的判断。在一般情况下，提出指导组织行动的意见，是领导人的责任。领导者的学识和才能在组织的具体行动中的运用，对于建立起组织的权威是至关重要的。也就是说，不担负相应的领导责任，就不可能具有相应的权威。

（3）建立信息系统。要使组织的权威转化为客观现实，我们一方面需要依靠个人的协作态度；另一方面还要依靠组织的信息系统。因为，处于管理职位的领导者只有得到了必要的信息，才能形成正确的指令。同时，当正确的指令形成之后，还必须有能够传递指令的渠道，才能使之被人们理解和接受，从而共同协作，完成组织的目标。

要建立和维护一种既能树立上级威信，又能争取扩大"中性区域"范围的客观权威，关键就在于是否能够在组织的内部建立起一个的有效的信息联系沟通系统，这一系统既能保证上级及时掌握情况获得作为决策基础的准确信息，又能保证顺利地下达指令。权威的树立既有赖于组织内部成员的合作态度，更有赖于组织内部能否建立起行之有效的信息联系系统。但是如果这种系统运转不灵，前后矛盾，也会使得组织内部成员无所适从，那么，要不了多久，人们就会对组织失去信心，甚至离开组织。由此可见，一个组织存在与发展的首要条件就是信息联系系统的建立和维护，我们要确定一个信息联系系统，则要注意以下几个因素：

第一，应该明确地宣布这种信息联系渠道，让组织内的成员都能够知道这个系统的存在。为了满足这一点我们可以采取以下做法：对上级的一切任命都进行及时的公布；对个人岗位责任进行明确；对组织机构的设置和调整进行明确宣布等。

第二，客观权威要求组织内部的每一个人都必须置于信息联系系统之中。也就是说"每个人必须向某个人做出报告"，"每个人必须在某个人的领导之下"，二者缺一不可。也就是说，在组织内部建立起个人与组织之间的明确关系。

第三，这种信息联系的路线越直接，层次越少，距离和时间越短越好。即在组织中，指令传达得越直接，这个信息的准确率也就越高，接受信息的人对信息的掌握度以及明确度越高。

第四，应当注意信息联系系统的完整性。在信息传达的过程中，组织领导所下达的指令要确保做到逐级传达，人尽皆知，防止断层或越级现象的发生。

第五，应确保信息联系系统在组织运行过程中不出现中断或停顿现象。一个大型企业集团在进行活动时，应确保其信息联系系统的畅通无阻，永不间断。世界上许多国家领导人都很重视接班人的顺序安排，多数大型组织和企业集团也都有明文规定在主要负责人无法工作或不在职位期间要临时选择负责人。这里我们所担心的不是一旦指挥中断，信息无人处理，而是为了防止"政出多门"现象的发生。一个大型组织或企业集团，在主要负责人空缺而又不为人们知悉的情况下，可以在一段时期内照常运转，而不至于发生重大的问题。但是这种状况是不能持久的，时间一长，就可能出现"群龙无首"、"政出多门"的现象，甚至导致组织一盘散沙。所以，必须确保管理层不间断运行。

上面所说的几种因素，对于大型组织建立客观权威至关重要。至于小型企业以及大型企业的下属机构，情况会简单得多。因为在下属机构里，信息联系系统直接，路线会比较简单，在这里本单位经理人员的个人能力是最重要的因素，而信息交流（对话）系统的重要性会相对地小一些。

（4）管理者必须从组织目的出发进行决策。处于管理职位的人决策时会面对两种情况：第一，为实现组织目的进行决策和采取行动；第二，为实现个人目的进行决策和采取行动。而只有在前一种情况下，客观的权威才属于管理者，在后一种情况下，客观的权威就不属于管理者了。

第四节　领导人的性质

经理人员在企业组织与管理中具有重要领导作用。巴纳德从五个方面阐述了"领导人的性质"这一关系到企业生存和发展根本性的问题。

1.四个领导行为范畴的准则

（1）制定行动目标。依据组织的宗旨以及总的任务制定自己的行动目标是领导者的重要职责。一个领导首先必须明确地知道自己该做什么，不该做什么。一个好的领导者在实行领导时，应该集思广益，善于倾听各方面的意见，从中汲取营养。许多领导者下的指令都可以说是"听"来的，是从来自各方面的意见中"听"出来的，并非自己想出来的。

一旦目标被制定后，就要付诸行动，应该坚决贯彻执行。这是说起来容易做起来却很难的事情，它要求领导者要知人善任，知道应该相信谁，依靠谁，善于分析所听取的意见，做到去伪存真；在行动中要善于正确选择和把握时机。

（2）运用手段。现如今，随着科学技术的发展，对领导有着更高的要求。领导者要懂技术，具有专业知识的重要性与日俱增。随之而来也出现了新的问题：当大家把注意力放在技术和专业知识上时，往往忽视了领导者所应该具备的为人处世、待人接物、组织领导能力等一些基本品质。现在，越来越缺乏适合担任综合性全面领导工作的人才，这已成为我们时代的一个突出问题。对于领导者，发挥组织领导和人际关系方面的能力，比技术和专业知识更为重要。

（3）控制协调组织。协调行动是领导的责任之一。没有领导，很难有协调和合作。协调的行动构成组织。对于领导者来说，组织是行动不可或缺的。巴纳德认为，一个领导者，应该将注意力更多地集中在组织的维护和控制上，将其视为自己所有活动的基础。而许多人却并未了解这一点，他们在设备、机构、技术和抽象的规章制度问题等方面投入了更多的精力。到今天为止，还是有许多领导人是根据自己的直觉和经验去狭义地理解组织，而对于作为媒介存在的协调行动的组织及重要作用、局限性和运动规律，了解甚少。

（4）进行协同与激励。领导者应该引导被领导者，将他们的聪明才智变为协调一致的行动。俗话说，说起来容易，做起来难，领导者的另一项责任就是将这些口头表达转为实践，就是说把潜在的可能变为实在的行动。通俗一点，我们可以将其理解成为一种说服工作。

2.领导者所处的环境

领导一般会处于两种环境，第一种是在平时的状态下，第二种则是在紧急关头。这两种环境都对领导都有着不同的要求：

（1）在平时状态下，领导者应该冷静、深思熟虑，讲究工作的方式方法。但在平时，领导人应付紧急情况的能力和品质是看不见的，这也是我们在平时环境中无法获取领导者能力的一个原因。

（2）紧急关头。任何组织的行动，总会遇到突发的紧急情况，如发生重大危机、组织生死存亡之际，这就要求领导者具有适应不同环境的广泛应变能力。具有极大的韧性和弹性，才能运用自如。

3.领导者的个人素质

巴纳德认为，虽然环境和组织都对我们的领导者有着极大的影响，但是领导者的个人素质仍然是占据第一位的，是起决定性作用的。他指出，作为领导者，我们应该具备以下几种基本品质：

（1）活力和忍耐力。我们这里所说的活力不能与我们的身体健康混淆。在生活中不乏身体健康，却没有活力之人，他们缺乏灵活的头脑或者忍耐力。但也不乏身体不是很好，但是却有着与众不同的活力与忍耐力的人。为什么活力和忍耐力对于一个领导者如此重要？其原因有三：第一，这种个人素质有助于领导者获得更多难能可贵的知识与经验。第二，活力是我们产生个人魅力不可缺少的一个因素。第三，有时领导者需要面对多于常人的工作，会连续工作，同时也会面临较常人更多的紧张时刻。如果缺乏活力与忍耐力，那领导者就将面临无法继续工作的情况，这对组织而言，是十分危险的。

（2）当机立断。作出决定的能力是领导的一个重要因素。有时候我们会认为决断就是不恰当地使用权威，甚至是滥用权威，这种观点是错误的。在有些时刻，领导需要当机立断地作出正确的决定。不能犹豫，或许就因为领导者的优柔寡断而错失良机，从而影响了企业的重要决策，使组织的行动功亏一篑。

（3）责任心。责任心是领导人应具有的基本的、重要的品质。领导人是否具有强烈的责任心，对被领导者的影响极大。马马虎虎、反复无常、不负责任的人很少能取得成功。要有责任心，经理人员必须对自己的行动有责任心，而不是出于恐惧、义务或监督才这样做。如果没有信心，经理人员首先和其他组织人员的责任心就会减退，这样会使协作组织受到损失。

（4）智力。智力被放在了领导诸因素中的第五位。当一个领导者已经具备其他条件的时候，他的智能高低就显得格外重要了，特别是在现代技术条件下。可以预见，未来的领导人必须是在智能上胜任的人。

尽管如此，我们并不能用智能代替领导者的其他品质。许多人智能超群，但作为领导人却很不称职。

总之，关于领导人应具有什么样的品质问题，无论是在科学上，还是在实际生活中，我们都无法给出一个准确的回答。但是上述的四点是我们作为一个领导者应该具备的最基本的个人素质。

4.领导人的培养和训练

巴纳德认为，尽管困难重重，但是还是迫切需要通过现行教育体制和大企业的活动积极培养能担任领导职务的人才。他对此进行了以下三方面的论述。

（1）培训。我们主要是通过培训来增强领导知识的，包括一般性和专业性的知识。这些知识是在技术领域中进行有效的领导必不可少的，对实行目标控制的大企业的领导也是重要的。但是，单纯地进行智力的训练是远远不够的。智力有其局限性，有它消极的一面，重视研究和抽象思维的人通常不善于当机立断，没有创新与开拓精神。

当今社会存在这一种倾向，即各行各业中过分重视知识，轻视技能。实际上，许多杰出的科学家、教师、律师、医生、建筑师、工程师之所以能够有所成就，主要不应归功于他们的知识，而应归功于他们的技能，也就是经验。而单纯的智力训练是无法加强社会生活经验和为人处世能力的。

（2）平衡感和洞察力。现在，作为领导者所需要的平衡感和洞察力，只有从领导工作的实践中才能获得。

（3）经验。重要的经验都是人们在适应客观变化的现实中积累起来的，是我们在平时的一点一滴中积累而成的。而这些经验对我们在为人处世方面起着极大的作用，所以我们要注重生活中经验的积累，要善于总结经验。

5.领导人的选拔

领导人的选择实际上取决于两种授权机制：一种是官方的，也就是正式（上级）的；另一种是非官方的，也就是非正式（下级）的。代表上级的官方授权称之为"任命"（或"免职"）；代表下级的非官方授权称之为"接受"（或"拒绝"）。这两者之中，后者是决定性的，它表明了被领导者的态度。在许多管理中，更多的人只关心和重视上级的任命或罢免，把维护官方的权威看做维护组织团结和合作的关键因素，这是错误的想法。事实一再说明，我们在选拔领导人工作中经常遇到的首要问题就是"他能否领导"和"群众能否接受他的领导"。所以说领导人是否能够胜任，或者说他能否取得成功，关键要看他是否能得到被领导者的拥护。

构成领导的三要素是：①领导者（个人）；②被领导者（追随者）；③客观条件。三者缺一不可。而三者的情况是不断变化的。因此，领导人出现表现不佳的情况不一定是选拔错误的结果。当然，一旦发现某个领导人不能胜任，不及时撤换就会影响工作和组织的发展。但是，撤换领导人有时是一个很敏感的问题，宜十分慎重。

TIPS 小贴士

作为新时代的领导人，应该是现实主义者，应充分认识到组织中行动的重要性，即使是在难以预测结果的情况下，也能坚持不懈。与此同时，领导人又应该是理想主义者，能够在更广阔的视野上，向既定目标顽强地开拓前进，即使这一目标需要几代人的持续努力，也要全力以赴。

彼得·德鲁克：

卓有成效的管理者

第一节　德鲁克小传

德鲁克

彼得·德鲁克，1909年出生于奥匈帝国维也纳的一个贵族家庭。在17世纪，他的家族从事着书籍的出版工作。德鲁克的父亲是一位奥地利的政府官员，主要负责文化事务，而母亲则是率先在奥地利学习医科的妇女之一，并且学习过精神病理课。可以看到，德鲁克成长在一个富有文化氛围的家庭中。这种环境训练了德鲁克敏捷的思维，培养了他流畅的文笔和清晰的思路。德鲁克被人们誉为"现代管理之父"、"大师中的大师"。

1929年，也就是在德鲁克20岁时，他在伦敦做记者，后来就职于华尔街一家大公司在欧洲的总部。因为公司老板提出全部实习的员工都必须学习过大学的课程，因此德鲁克在波恩学习经济学的课程。在波恩时，德鲁克十分幸运地听到了经济学大师熊彼特每个星期五在波恩讲授的课程。之后，当德鲁克以经济分析师的身份在伦敦的一家招商银行就职时，老板同样认为员工需要略懂经济，因此他又参加了凯恩斯开办的培训班。但是让人遗憾的是，两次经济学学习并未让德鲁克有成为经济学家的想法。相反地，他清楚地认识到自己不应该成为经济学家。因为他很清楚地看到自己只是对参与经济活动中的人感兴趣，而不是对经济商品感兴趣。但是两次经济学的学习并不是一无所获，这些经济学的学习对德鲁克大师在日后的成长很有帮助。

通过德鲁克大师的经历我们可以看到他的知识与思想的养分来自他早期的教育环境，然而德鲁克大师对管理的思索则来源于他早期的工作环境与他丰富的工作经历。任新闻记者的德鲁克承担了报社中最具有挑战性的社评撰写工作，他每天必须用不到一个小时的时间为报纸撰写九百字的社评，而当时的欧洲正处于第一次世界大战后的混乱局面，在这种环境中从事这种对时间性和质量要求非常高的工作如果没有高效的管理思想是很难达到的。值得庆幸的是，德鲁克不但能够出色地完成这些工作，而且还在这里切身感悟到了管理思想的许多重要概念，例如目标管理、时间管理等。在工作中，从一些成功管理者的管理品质中，德鲁克也体验到了许多科学管理的内涵，如决策数据管理、科学决策等。

1931年，德鲁克获得了法兰克福大学法学专业的博士学位。1937年，28岁的德鲁克为了逃避纳粹的迫害移居到了美国。这一年德鲁克任不列颠银行顾问。在美国，刚开始时他作为一个由若干家美国银行和保险公司组成的集团经济顾问，为企业提供管理顾问服务。后来，他主要以教书、著书和咨询为业。

德鲁克自己创办的德鲁克管理咨询公司在1945年成立，他自任董事长，自此他开始了对管理实践的研究工作。在1946年，由他撰写的《公司的概念》一书出版，书中主要是德鲁克在多年的管理咨询工作中总结出的对管理经验的积累与思考。自1950年开始至1972年间，德鲁克任纽约大学商业研究院的管理学教授。并于1972年被纽约大学聘为高级教授。从1971年起，他在克拉蒙特研究院任克拉克讲座教授。

2003年7月，已经是94岁高龄的德鲁克获得了一份姗姗来迟的荣誉——美国最高荣誉勋章"总统自由奖章"，这份荣誉由当时的美国总统布什亲自颁赠。

被人们誉为现代管理学之父，95岁的彼得·德鲁克于2005年11月11日在加州克莱蒙特的家中与世长辞。

德鲁克对世界的影响是不可估量的，在今后很长的一段时期内，德鲁克的理论与才华仍旧会带给人们不可言喻的启迪。那一本本呕心沥血的著作真实地反映了德鲁克对管理学的无私贡献，书中一系列的理论知识都渗透到了经理人的生活与工作中。

德鲁克的主要著作及其影响

1954年，《管理实践》出版。

1966年，《卓有成效的管理者》出版。

1973年，《管理：任务 责任 实践》出版。

1982年，《巨变时代的管理》出版。

1954年出版的《管理实践》一书，是管理学发展史上一个里程碑——它的问世标志着现代管理学作为一门学科的诞生。本书是对管理学基本原理的高明讲解，在管理基本原理的方面做了许多工作。德鲁克指出："管理是一种器官，是赋予机构以生命的、能动的、动态的器官。没有机构（如工商企业），就不会有管理。但是，如果没有管理，那也只会有一群乌合之众，而不会有一个机构。而机构本身又是社会的一个器官，它之所以存在，只是为了给社会、经济和个人提供所需的成果。可是，器官从来都不是由它们做些什么或怎么做来确定的。它们是由其贡献来确定的。"

在德鲁克长达60多年的职业生涯中，平均每两年就有一本书问世。当有人问他这些著作卖出多少册时，他满不在乎地回答："大约五六百万册吧。"德鲁克也非常尊敬他的读者与听众，甚至视他们为同样具备高度智慧与社会阅历的人。在书中及演讲中，德鲁克一律用"我们"取代"我"的说法，让读者及听众很容易就进入他的世界。德鲁克的每一本著作都给我们以新鲜的感受与持久的启示。

第二节　什么样的人才算管理者

何为管理者

每一位处于现代组织中的知识工作者，如果能够运用他的知识和职务，为该组织作出一定的贡献，而这个贡献对组织本身完成任务和获得成功的能力可以产生实质性的影响，那他就可以说是一个管理者。他的贡献，或许就是为企业推出了一种新的产品，或者是为企业在市场中获取了更大的份额。

这位管理者必须能够作出决策，而不只是单单执行命令。他必须为企业作出贡献，同时为他的贡献负责。他能够运用他的知识作出一个正确的决策。或许他会因为自己的所作所为受到来自多方面的压力等。但是，在他身为管理者时，他不能忘记自己的目标、职责和他所要作出的贡献。

在一个企业中，大多数的主管人员或者经理，都是管理者。逐渐的，在现代社会中，很多的非主管人员或者是没有担任经理的人员也都正在慢慢地成为管理者。正如我们研究的那样，在一个知识的组织中，我们不仅仅需要主管人员或者经理，我们还需要专业的贡献人，由他们来担任那些具有决策和权威的职务。

德鲁克引用美国一家报纸对一个在越南战场上服役的青年步兵上尉

的采访生动地说明了上面这点。

记者问那位青年上尉："在如此混乱的情况下，你是怎么使得你下达的命令可以得以贯彻的？"上尉回答说："在这里，我是唯一的负责人。当我的部属位于敌阵中，不知道该如何行动时，且我由于距离太远也无法传达我的命令时，我的任务就是在训练的时候告诉他们面对这类情况他们该怎么做。但是至于在实际行动中，则是由他们来根据当时的情况加以判断后采取行动。责任由我来负，但是决定则是由当事人来做出，每一个人都是一名'管理者'。"

在我们的主管或者经理人中，也有许多其实不是管理者。因为他们的行为并不能对公司的成功产生很大的影响。例如，制造业中工厂的领班，就属于此类情况，他们所担当的角色只是监工。而在下属的工作内容、工作方法、工作性质等方面，这些主管既无责任也没有管理的职权。

而当我们确定一位知识工作者到底是不是一位管理者时，我们不能只看他有没有部属。而应该看到他对企业所作出的贡献。

这就告诉我们专业知识是不能用数量来界定的，同样也不能用成本来定义，而是以成果来界定。人数的多少和工作的繁简，并不是知识工作的必要条件。或许，人数众多可以让我们集思广益，但是我们不能忽略因为人数众多而产生的各种问题。如相互间的摩擦，人际关系等，而我们的主管人员，因此也就要投放更多的精力来应付这些琐碎的小事，而面对真正的市场研究的工作时，他们则无法抽出更多的时间和精力。甚至当市场已经发生了重大变化，以至于影响到我们企业效益的时候，他们还没有察觉到。但是相对于一个市场调研人员而言，他可以将所有的精力都放在对市场的研究上，当然，也许会由于没有别人的参与，他将很多时间都耗费在了一些细枝末节上。但是，在一个知识组织中，即使一个人我们也可以将其称为管理者。

我们这里所指的"管理者"是泛指那些必须在工作中运用自己的知识和职位，作出影响企业整体行为和成果的决策的知识工作者、专业人员、主管以及经理人员。

其实，我们还要清楚地认识到一点，即使最基层的主管人员或是经理人员，他们的工作性质其实也同总裁或者政府机构的行政官员一样：计划、组织、推动、调节等。他们的管理范围虽然有限，但是在他的范围之内，他也是一名管理者。

管理者所面对的现实

管理者所要面对的现实，一方面要求他们的"有效性"；另一方面，这种有效性却又极难达到。诚然，一位管理者如果不能致力于有效，则现实必将迫使他一事无成。

为了找出症结所在，让我们先对组织以外的知识工作者做一番观察。一位医生，一般来说是不会存在"有效性"的问题的。病人前来求诊时，就将一切情况都表明清楚了，使医生的医学知识能够有效发挥。医生面对病人，通常只专注于看病，将一切外界的干扰都降到最低限度即可。他的一切贡献，就在于减轻病人所面对的病苦。他最应该优先重视的，便是病人的病情，什么是重要的和什么是不重要的，视病人情况而定。其目的和目标也是既定的，那就是要恢复病人的健康，或至少是使病人感到舒服。因此，医生是否具有组织能力，不会太引起病人的关心，但是他们大多都具有有效性。

然而，一个组织里的管理者所面对的现实就大不相同了。组织中的管理者，在现实中他们有四类非其本人所能控制的现实情况。

第一种现实难题，管理者的时间很容易会变成"属于别人的时间"。如果通过管理者的行为来下一个定义，我们可以很直白地说他就是组织的俘虏，任何一个人在任何一个时间都可以来找他。这个现实情况对任何一位管理者都几乎是不可能解决的一个难题。或许当时的一个来电，正是公司最大的客户，或者是市政府的一位要员，也许是他的上司，甚至这一个电话就牵扯到企业的存亡，他不能不接电话。

第二种现实难题，管理者除非能够毅然改变生活和工作的现实，否则他将被迫忙于日常作业。公司的总经理或其他高级职员所负的责任关系着企业的全局。他们应该将时间花费在企业的整体运行这一方面，但他们却仍然避免不了要安排市场销售，兼管市场行销或者工厂的生产事务等。有人将这一种现象归咎为美国人的人事升迁阶梯。美国的管理者虽然从某一个专业部门提升上来了，但是他们却仍然改变不了以前所养成的职业习惯。但是，我们可以看到，不同的国家人事升迁阶梯大不相同，但是却有着同样的抱怨。

其实问题的症结，就在于管理者周围的现实。除非他们能够毅然改变现实，否则那些日常的事务将主宰他们的关心事项和他们的行动。

医生看病时，通常是对症下药，但是作为一位管理者，我们无法从日常事务中获得更多有用的信息，无从了解真正的问题所在。医生之于病人，病人对病情的描述就是其问题的所在。而一位管理者所关切的是一个十分复杂的现实世界，日常事项的本身是无法告诉他哪些是重要的，哪些是不必在意的。不会像病人对医生描述病情一样为其提供线索。

如果管理者采取"来了什么，就做什么"的态度，那他不久就要穷于应付了。也许他真具有了不起的才干，足以应付得了，但是实际上他却是在浪费他的知识和能力，而把可能达成的有效性撇开了。管理者所需要的是一套判断标准，让他能够有针对性地去工作，能够针对真正重要的事项去工作。但是在日常的事务中，这套标准很难找到。

第三种现实难题，是由于管理者本身处于一个"组织"之中。这样就意味着只有当别人能够利用他所作出的贡献时，管理者才能有效。我们可以将组织视为是一种手段，是一个可以使个人力量倍增的工具。组织能利用管理者的知识，将其作为资源，激励并开阔其他知识工作者的视野。

对于管理者的有效性而言，至关重要的人物，往往并不一定是管理者直接控制的下属，而是其他部门中的人士，即所谓"旁系人士"，也许就是管理者本人的上司。一位管理者如果不能与这些旁系人士接触，不能使这些旁系人士为他作出贡献，管理者本身便将会失去有效性。

第四种现实难题就是管理者常是一个组织中的一员。每一位管理者，不论他的组织是企业机构，还是研究机构，抑或是政府机构，通常都是以组织内部作为他最亲密和最接近的现实的。而对于外面的世界，他则是带上了"有色眼镜"，对于外界事物的变迁，他并不亲身经历，一般只能透过资料的报告才知道外界，这些也不是第一手资料，而报告的内容都是事先经过组织"过滤"的。也就是说，我们可以将他看到的外界理解为是先行经过消化后的外界，是一个高度抽象的外界，是已将组织的相关标准加之于现实之上的外界。

但是组织本身就是一种抽象的存在。用数学术语来说，组织只是一个"点"，它没有大小和面积。即使是规模最大的组织，与它所在的周围的外界环境相比较，也是微不足道的，与它所在的周围的外界环境的现实性相比较，也将是缺乏现实性的。具体地说，在组织的内部，不会有成果出现。一切成果都是发生于组织之外。我们说企业能在组织的内部产生，只有努力和成本。像我们组织内部的"利润中心"一样，其实只是客气的称呼而已，实质上应该称之为"努力中心"。

组织外的世界才是真正的现实，而这个现实却不是从组织内部所能有效控制的，至少也要外在和内部两者共同作用才能产生成果。但是，管理者看得最清楚的是组织的内部组织，内部才是他最密切接触的。内部的种种关系和联系，内部种种问题和挑战，内部的种种错综的形势和分歧的意见，不停地与管理者发生关系。除非他能作出特别的努力。可以直接看到外界的现实，否则他将慢慢地变成井底之蛙。管理者还要面对的一个问题就是，他在组织中的地位越高，他的注意力也就会更多地放在组织内部，而更加容易忽略组织外界的各种情况。

以上四种现实困难，是我们管理者必须面对并且无法改变的，是管理者存在的必要条件。

第三节 卓有成效的管理者的要素

如果有效性是人们与生俱来的天赋，正如有些人天生具有的那种绘画和音乐天赋一样，那情况就不容乐观了。值得庆幸的是，在一些领域，只有极个别的少数天才才能够具有这样的天赋。因此，我们就需要努力尽早去发现、挖掘出那些具有潜在有效性的人，并加以培训，将他们放在适合的位置上，发展他们的才能。但是，即便是我们这么做了，在现代的社会中，也很难满足我们对具有有效性的管理者的需求。因为，在现在这个由一个庞大组织所构建起来的文明，是依靠大量的卓有成效的管理者。

现在所面对的问题就是有效性可以学习吗？如果可以学，那我们应该从哪里入手？怎么学？学些什么？学习方法又是什么？有效性是一种人们可以用形式和用概念学习的知识吗？它是人们像学徒那样可以学到的一种技能吗？或者它是人们通过反复做些同样简单事情的方法进行学习的一种实践吗？多年来，这些一直都是德鲁克在考虑的问题。作为顾问，他和许多组织的管理者有着工作上的往来。管理者具有有效性在以下两方面被德鲁克认为是非常重要的：第一，作为一个提供管理咨询的人除了具备知识以外没有其他的权威，因此他本人必须有效。第二，最有效的顾问也要依靠委托组织内部的人来共同完成工作。因此，决定一位顾问能否起作用和取得成果，或者他是否只是"成本中心"，或至多只是扮演了一个不起眼的角色，这一切都取决于他们的有效性。

但是，很快德鲁克便认识到了不存在什么"有效个性"。他说他所见到的有效管理者在很多方面都不相同，差异极大，但是他们却都具有一个相同的地方，那就是具有做合乎时宜事情的能力。

在那些有效的管理者中，他们有的性格外向，有的性情孤僻、腼腆，有的甚至过分羞怯，有人古怪偏执，有的人又极力附和。其实也就是说，有效管理者彼此之间的差别，就像是生活中的医生、中学教师和小提琴手之间的差则一样大。而同样，缺乏有效性的管理者的类型也是千差万别的。其实，在我们的现实中有效和缺乏有效性的管理者之间，在类型、个性和才能等方面，都是很难加以区分的。

但是所有这些有效管理者的共同之处就是：不管他们拥有什么，也无论他们是干什么的，他们都具有让自己所拥有的东西发挥有效性的能力。反之，一个人不管他有多么大的智慧，付出了多么大的努力，具有多么丰富的知识，如果他们没有进行这种实践，那么他一定是一位缺乏有效性的管理者。

我们也可以这样认为，有效性是一种习惯，其实是一系列实践的综合。而实践是可以学习的。当大家看到这样一个结论时，很多人会产生一种错觉，会认为实践很简单。但是其实要把实践做好是很难的，那是要靠长期的持之以恒才可以做到的。对于这一点，德鲁克引用了他小时候学习钢琴时，老师生气时对他说的那句话。老师对他说，他永远不可能像斯乃贝尔那样把莫扎特的曲子演奏得很好，但是这并没有任何理由表明德鲁克就不必像斯乃贝尔那样练习音阶了。其实，那位钢琴教师忽略了一点，那就是即使是伟大的钢琴家，如果他不进行反复不断地练习钢琴的话，也不可能把莫扎特的曲子弹奏得如此好。

换言之，就是任何具有正常能力的人不可能有任何理由不通过反复的实践练习而获得某种能力。有效性所需要的是能力，需要的是本领，需要的是反复的长时间练习。

因此一名具有有效性的管理者，必须获得以下五项心理上的习惯：

第一项，有效的管理者必须知道应该把时间用在什么地方。他们可以自己掌握的时间是很有限的，因此他们会系统地工作，以便利用好这点有限的时间。

第二项，有效的管理者应该时刻注重对外界的贡献。他们应该清楚自己是在为成果而努力，不是为工作而工作。因此他们应该把力量用在获取成果上，而不是工作本身上。他们从"人们要求我取得什么成果？"这个问题出发，而不是从要做的工作开始着手，更不是一开始就从这项工作的技术和工具着手。

第三项，有效的管理者要重视发挥长处。不仅仅包括他们的长处，还包括他们的上级、同事和下级的优势，以及周围环境的优势，也就是建立在他们能做什么的基础上，不着手进行他们不能做的事。

第四项，有效的管理者把精力集中于少数主要领域，以便以优秀的管理产生卓越的成果。他们先强迫自己设立优先秩序，先考虑重点的事情，并坚持重点优先的决策。他们明白只有做好最重要、最基础的事情，才可以取得最理想的效果，而摇摆不定将会让他们一事无成。

第五项，有效的管理者能够作出有效的决策。他们知道有效的决策首先是个有关系统的问题，是正确程序中的正确步骤。他们知道，一个有效的决策可以说是一种判断，这种有效的决策常常是根据有分歧的意见作出的，而不是建立在一致的基础上的。他们也知道，这种快速作出的许多决策有可能都是错误的。而所需要的决策为数不多，但根本性决策，所需要的是正确的战略决策，而不是令人眼花缭乱的战术决策。

而以上的这五项就是管理者具有有效性的要素。

第四节　如何成为卓有成效的管理者

想要成为一名卓有成效的管理者，那么我们就要做到以下几点：

1.清楚认识自己的时间

德鲁克指出，很多关于管理者的讨论，一般多从如何制订工作计划谈起，骤然听来，这很符合逻辑。但是我们大家不能忽略一个现实，那就是计划一般都是只停留在纸上，仅仅停留在美好的理想中，很少被转化为成绩。德鲁克通过观察发现，有效的管理者不是从他们的任务开始的，也不是从他们的计划开始的，而是从他们的时间开始的。他们首先做的就是认清楚他们的时间应该花在什么地方。然后再开始安排他们的时间，将不属于生产性工作所占用的时间减到最少。最后他们再将那些他们可以自由支配的零星时间，整合成一个尽可能大的、连续的单元。一位卓有成效的管理者所应该具备的基本能力就是能够记录好自己的时间、合理安排自己的时间以及将自己的时间集中起来。

卓有成效的管理者知道时间是一项具有限制性的因素。任何一项生产工序的产出额度都会受到最稀有资源的限制，而在我们称之为"工作成就"的工序里，最稀有的资源就是时间了。

在所有的各项资源中，时间是独一无二的资源。另外一种起限制作用的就是人力。虽然我们很难雇用到足够的优秀的人才，但总归是可以雇用到的。但是只有时间这个资源，我们租不到、借不到，也买不到，也不能以其他方法取得。

时间的供给是没有弹性的，不管你需要多久，丝毫没有弹性供给。时间将是我们永远最短缺的物资，同时时间也没有其他的替代品。

我们完全靠记忆，是不会知道时间是怎么过去的，而作为一名卓有成效的管理者，就必须知道他的时间实际用在了什么地方。而要做到这一点我们要进行以下几步操作：

第一步就是记录实际的时间使用情况，很多卓有成效的管理者都经常保持这样一本时间记录簿，并且每月定期拿出来看看。卓有成效的管理者往往以连续三四个星期为一个时间段，每天记录自己的工作，一年内记录两三个时间段。参照他们的时间记录本，管理者可以常常调整自己的日常安排。

第二步是有系统地管理时间。我们必须找出那些不会有产出的、浪费时间的活动，尽可能取消这些活动。要做到这一点，就应该自我进行以下几个诊断性的问题：（1）首先分别找出哪些是纯粹浪费我们的时间而不必做的事情，并取消他们。（2）在自己的时间记录里哪些活动可以让他人代做，并且可以做得很好或者更好？（3）哪些是我们管理者自己可以控制并取消的？

2.我能贡献什么

卓有成效的管理者，会将注意力都放在贡献上面。他时刻注视着他的目标，并且始终使自己的工作保持着正确的方向。他会经常自省：

"对这个组织的成果和成效，我能贡献什么？"

将其注意力放在贡献上面，是获得有效性的关键。有效性潜在于一个人的工作中，即工作内容、工作水平、工作标准，以及工作影响中，也在与他人的关系中。但是，绝大多数的管理者都往往不向前看。他只问耕耘，不问收获。让他们耿耿于怀的是，组织与上级会给予他们什么样的报酬，他们最为关心的是自己的权利，结果，这使得他们做事缺乏有效性。

只有重视贡献，才能转移管理者的注意力，使他不至于只是局限于自己的专业、某种技能、自己的部门，而是注意整体工作。同时也才能让他们注意外界，因为成果只产生于外界。

管理者如果不问自己："我能贡献什么？"不仅可能把标准定得太低，同时也可能把目标弄错了。最重要的是，他们可能把自己的作用限制得过窄。

3.充分发挥人的长处

卓有成效的管理者往往能够充分发挥他人的长处，因为他知道，人是不能以弱点为基础的。为了达到其成果，必须用人之所长。我们有很多弱点，而这些弱点组织几乎是无法克服的。但是我们却可以设法使弱点不发生作用。管理者的任务，即在于运用每一个人的长处，为组织的成功共同添砖加瓦，这就要求我们做到以下几点：

（1）配备人员要从长处着眼。管理者用人之所长，所面临的第一项挑战就是在配备人员方面，卓有成效的管理者在择人、用人和提升人时，都以一个人能做些什么为基础，所以，他的用人决策，不在于如何减少人的短处，而在于如何发挥人的长处。

作为一名卓有成效的管理者，我们在配备人员的时候还应该做到因事用人，而不是因人设事。因人设事会带来严重的后果，因人设事会产生出许多恩怨派系，而任何组织都经受不起这些恩怨派系的折磨。那一名卓有成效的管理者，在选拔人才时，怎么样才能不陷入到因人设事的怪圈中呢？首先，管理者不能将职位设置成只有上帝才能胜任的职位。其次，使每个职位既有严格的要求，又有足够大的任务。只有这样的职位才是对任职人的一种挑战。同时还使之有活动余地，让所有具有与这个职位相关的能力者，都可以发挥他们的才能，并产生切实的效果。再次，卓有成效的管理者能够了解他所要用的人能做什么，这要比了解需要什么人更加重要。最后，卓有成效的管理者要做到，用人之所长时，能够容人之所短。

（2）积极推动上级充分发挥其长处。有效的管理者需要清楚地了解到，作为上级，他也具有自己的个性，他是以自己的方式发挥有效性的。管理者必须想方设法了解这些方式。同时，了解上级的长处，适应上级的特点，在向上级提出各项事情的时候，应先考虑先后顺序。

常言说"旁观者清"。我们都一直在观察着别人，看清别人的问题很容易，看出自己的问题却很难。因此，发挥上级的有效性，一般还是比较容易的。但是这就要求着眼于他的长处。同时要求发挥他的长处，使他的弱点不造成影响。管理者使自己有效的最好方法，就是发挥上级的长处。

（3）卓有成效的管理者，在自己的工作中，也要从长处出发，充分发挥自己的长处。发挥自己的长处，对培养自己的能力和工作习惯有着十分重要的作用。

卓有成效的管理者的任务不是去改造人，他的任务是集中所有人的优点、长处和愿望，将这些优点和长处发挥得淋漓尽致，使其在整体的工作中产生双倍的效果。

4.先做重要的事情

（1）集中精力做好一件事。如果说卓有成效的管理者有秘诀的话，那就是他们将集中精力做好一件事。而且是首先将重要的事情做好。管理者的职位以及人的特性决定了卓有成效的管理者必须集中精力做好一件事。原因如下：首先，管理者要做的重要贡献有很多，而可以利用的时间相对很少。其次，管理者越是专心于更高的贡献时，越是需要有更长时间。再次，管理者越想发挥长处时，便越有集中一切可用的长处于重大机会的必要。而这也是获得成果的唯一道路。简单地说就是我们越想专心做好一件事情的时候，就越难，更不要说两件事，这就需要我们将所有人的才能集中到一项任务上面。

卓有成效的管理者明明知道百废待举，但是他们仍然会在一段时间内集中所有的精力和时间，乃至整个组织的时间和精力放在一件事情上，分轻重缓急去做好。

（2）不让"昨天"影响"今天"。管理者要集中精力做好一件事情，一条重要的原则就是要将不再具有任何生产性的"昨天"抛弃，让它不要影响今天。有成效的管理者常常定期地检查自己的工作计划和同事的工作计划，并且提出问题："如果我们还没有做这项工作，现在是否愿意开始做这项工作？"除非答案是绝对肯定的"是"，否则他们就会迅速地将这项活动取消。他们肯定不会对没有生产性的"过去"进行资源投资，对于已经投进"昨天"的资源，特别是宝贵的人才资源，他们会立即抽出来，放在明天的工作上。

（3）先后次序的选择。明天的时间有很多，同样的，明天的机会也会有很多，但是能实现它的人却有限。因此这就要求我们必须决定先做哪些，而哪些可以推迟。而这些决定是以什么为基础呢？我们要注重以下几个原则：首先，重将来而不重过去。其次，重视机会而不重视问题。再次，选择自己的方向而不是追随别人的脚印。最后，高目标，以求有非常的表现而不求安全和易做。

5.作出行之有效的决策

卓有成效的管理者，必须作出有效的决策。管理者的决策，是一套系统化的程序，有明确的要素和一定的步骤。卓有成效的管理者不会做出很多决策，他们都是集中精力在重大的决策上面。他们着眼于战略的决策，而不着眼于解决具体的问题。

制定有效决策的五项要素：①对于问题的性质有清晰的了解，是否属于"常态"，如若是，那就通过一条法则和原则性决策来解决。②找出解决问题所需的规范，也就是找出问题的"边界条件"。③弄清楚什么是充分满足要求的、正确的解决方案。然后再考虑妥协、适应、让步等能被决策接受的条件。④充分考虑到决策实施的方法。⑤在执行决策中要注意反馈。

TIPS
小贴士

管理者要制定的有效决策，不是在欢呼和喝彩声中作出的。只有经过意见的相互冲突，不同看法之间的交锋，从不同判断中进行选择，才能产生好的决策。决策的这条规定就是：只有存在分歧，才能制定决策。

亨利·明茨伯格：

经理的工作

第一节 明茨伯格的一生

明茨伯格

亨利·明茨伯格，加拿大管理学家，西方管理学界经理角色学派的主要代表人物。他的管理思想主要是体现在组织管理与战略管理方面。由于明茨伯格乐于抨击，因而在商界和管理界享有"管理领域伟大的离经叛道者"之称。

1939年9月2日，明茨伯格出生于加拿大的一个普通家庭。其父亲是一家生产女装的小公司管理者。当时还是孩子的明茨伯格就很想知道父亲在办公室里做什么。1961年，明茨伯格从麦吉尔大学的机械工程专业毕业。明茨伯格在学校的表现平平，在麦吉尔大学攻读机械工程专业时，他的成绩属于中等偏上。1962年，他获得了乔治·威廉士大学文学学士学位。

1961—1963年，明茨伯格在加拿大铁路公司运营分部从事操作研究工作。

1965年，明茨伯格获得美国麻省理工学院的管理学硕士，他首次向麻省理工学院递交申请的时候，本以为会被拒绝，但是出乎意料地被接受了。很快，在这里他开始了自己研究，从"软"的角度进行研究。出于自己的喜好，他来到了麻省理工学院斯隆管理学院一个刚刚建立起来的商业政策系做博士研究，并于1968年获得该院的博士学位。1972年，明茨伯格在麦吉尔执教法学。1973年，明茨伯格出版《管理工作的实质》一书，本书揭示了管理者如何工作的实质，也使得他一举成名。此书是在他1968年完成的学士学位论文《工作中的经理——由有结构的观察确定的经理的活动、角色和程序》以及其他有关文献的基础上完成的。

1978年，明茨伯格被任命为麦吉尔大学布朗夫曼管理学教授。1979年，明茨伯格出版了《组织的机构建立》一书。

1987年，他在《哈佛商业评论》上发表了论文《手艺式战略》，这是明茨伯格16年管理研究的结晶。明茨伯格是第一位当选加拿大皇家社会学协会会员管理学研究方面的学者。他曾四次在《哈佛商业评论》上发表文章，并于1975年、1987年两次获得"麦肯锡奖"。

1988年至1989年间，他担任战略管理协会的主席，就在他的领导地位得以肯定的时候，他却宣布了战略管理衰落的概念。

明茨伯格的主要著作、成就以及影响

明茨伯格迄今一共出版了16本书与140多篇文章。

1973年，出版《经理工作的性质》一书。

1979年，出版《组织的结构》。

1983年，出版《组织内外的权力斗争》。

1991年，出版《战略过程》。

1995年，出版《战略规划的兴衰》，并获得管理协会的乔治·泰瑞奖。

1998年，明茨伯格被授予加拿大国家勋章与魁北克勋章。

2000年，获得管理学会颁发的杰出学者奖。

其中《经理工作的性质》是明茨伯格的主要代表作，是经理角色学派的经典著作。通过对经理的调查研究，全面地阐述了经理工作的特点、经理所担任的角色、经理工作中的变化以及工作重点的类型等，借此向我们大家说明管理者到底是做什么的，是怎么做的等问题。

明茨伯格并不是由于推行了某项新技术而声名鹊起，他对战略、组织、管理和计划的再思考为他带来了名望。对于管理者生活的各方面，他观察视角独到，有时甚至显得古怪异常，但他总不失风趣。他的关于战略的作品对世人影响极大。

第二节 经理工作的特点

明茨伯格进行了一项关于管理工作的本质研究。他对五位经理的工作进行了观察和研究。这5个人分别来自大型咨询公司、医院、高科技公司、学校和日用消费品制造商。通过观察，他指出了管理者在工作时所拥有的共同特征。

（1）都拥有较大的工作量。经理不仅需要全面负责一个组织的内部工作，并且需要和组织外部取得联系。这导致他们拥有较大的工作量，致使他们总是不停地工作，不能停歇。他们总是精神保持高度紧张。而导致经理工作量大、步调紧张的一个原因是，经理职务本身的广泛性以及他们的工作没有一个明确的结束标志。

（2）所从事的工作在活动时间上是短暂的，并且这些活动具有多样性，通常情况下十分琐碎。经理的工作并不像社会上大多数人的工作那样具有专一化、专业化的性质。基层工人所从事的工作大多是连续不断且重复的工作，通过调查我们不难发现经理人所进行的工作活动具有短暂性、多样化以及琐碎等特点。

由于工作量的原因，经理会对自己工作时间的机会成本作出一个正确估价，也就是在两件事情中进行选择时，他们会评估出放弃一件事情所带来的损失。因此，经理人一般都不会采取任何措施来对工作中的这种短暂、多样化而琐碎的情况进行改变。通过这些工作，经理人会意识到自己在组织中的价值，他们会认为做这种短暂、多样以及琐碎的工作是他们最好的工作方式。这样，就使得肤浅性存在于经理人的工作中，这是我们必须选择去克服的难题。

（3）通常都将目光锁定在现实活动上。经理总是把他们的精力都放在那些具有现场性、具体性以及非常规性的活动上。他们仿佛只对那些活跃的、涉及具体的和目前大家关心的形势作出积极的反应，但是对于例行报告以及定期的刊物等则会表现得不是很关心。他们强烈地希望获得最新信息，因为他要迅速获得信息，所以，他们经常会选择通过聊天、传闻以及揣测等方式来获得那些非正式的最新的信息。

在经理的活动中，涉及的几乎都是具体问题而不是全面问题。如果一位总经理是在工作时间中，参与抽象讨论或进行全面计划是罕见的。如果经理确实是在做计划工作，那也不是锁着门，抽着烟，思考着什么"创见"，而是将收集信息、计划和决策等结合起来进行的。

经理是由于他的工作性质而采用特殊行为的典型。经理这个职务受来自环境的压力，不鼓励他们成为深思的计划者，而是培养他们成为适应性很强的信息处理者。他们更喜欢生机勃勃、具体的环境。经理在"刺激—反应"的环境中工作，明显地养成了对具有现实意义的工作优先处理的习惯。

（4）以口头交谈的方式为主。经理所使用的工作联系方式有五种：邮件（书面通信），电话（纯口头的），未经安排的会晤（非正式的面谈），经过安排的会晤（正式的面谈）和视察（直观的）。这几种方式存在着根本性的差别：书面通信需要使用一套正式语言，还要等很长的时间才能得到答复。所有的口头交谈方式，除了传递字句里所包含的信息外，还能通过音调的变化以及反应的快慢传递信息，除此之外，当面交谈还可借助表情和手势传递信息。

调查资料显示，口头交谈方式是最吸引经理的。明茨伯格通过观察发现，车间主任与人面谈的时间约占57%。一家制造公司的中层经理花在口头交谈的时间约为89%。综合所有数据，我们可以发现，经理口头交谈的时间占了78%，按活动的次数计算则是67%。

（5）十分重视与外部以及下属之间的相互联系。经理将分别同上级、外部以及下属这三个方面维持通信关系。经理和其组织以外的多方面的人们维持着一个较为复杂的关系网。通过明茨伯格的调查材料表明，在联系中，占相当大比重的是经理与下属间联系所花费的时间，这些联系占了经理人全部口头联系时间的一半之多，但是经理人在与上级联系所花费的时间方面还不到十分之一。而经理人在与外部联系方面所用的时间会更多，甚至超过了与下属联系的时间。

（6）经理人的权力与责任是相混合的。经理人一般责任是十分重大的，会频繁地遇到一些比较紧急的事情需要他们处理。在环境和他们自己的时间方面他们很难加以控制。责任重大的同时经理人也有很大的权力，他能够作出一系列的初步决定；他可以通过控制的方法贯彻自己的意志。他们可以选择在处理一些问题时采取一些新的措施和主意。将问题转化为企业发展的机会，从而可以做到服务于企业的发展。

经理的工作角色

管理者到底是做什么的？他们是怎么做的？他们为何要这样做？对于这些问题有着很多现成的答案，但明茨伯格并没有简单相信，而是进一步进行了深入研究。经过研究，明茨伯格对于管理者做些什么，是在通过对五位经理在工作中的观察研究告知我们的。我们将经理在工作中所扮演的角色概括为三类，共分为十种，这十种角色对于所有经理的工作具有普遍性。

经理的工作共可以分为三类，主要有同人际关系有关的工作、同信息传递有关的工作以及同决策有关的工作。因此，我们将十种角色分为：人际关系方面的角色三种，信息传递方面的角色三种，决策方面的角色四种。

1.人际关系方面的三种角色

经理是正式负责一个组织单位的人，这种正式权威使他在组织中具有一种特别的职务地位，这种正式权威和地位产生了人际关系方面的三种角色。

第一种，作为挂名首脑的经理。这是经理角色中最基本而且是最简单的角色。由于经理具有的权威，必须履行许多职责。有些鼓舞人心，有些例行公事，全部都涉及人际关系的活动，但是没有一项涉及重大的信息处理或决策。如在工作中，经理请几位顾客吃饭这些小事都不是管理的中心工作，但是因为他是经理，所以每一项他都需要参与。又如在签署某些文件时，只有经理的签名才具有法律效力。由此我们可以看到，经理的参与被认为是一种社会的需要。经理的参与可以让这些事情更有意义和分量。而这些事情不仅仅只限于经理，而是体现在每一位管理者身上的。

第二种，作为领导者的经理。组织需要由正式的领导来进行引导和激励。在对组成领导者角色的各项活动进行分析时，我们首先要注意到，领导只能渗透在所有各式各样的活动中。当经理每次在对下属进行鼓励或批评时，此时的他就是在行使领导者的权利。领导者所做出的每一项活动，他的下属都将会从领导者的角色进行解释。

在进行领导角色分析时，我们还需要注意的两点就是：①领导者角色的目的是要把个人需要同组织的目标相结合。经理必须集中注意力将组织的需要和下属们的需要调和起来，从而促进工作效率。②在领导角色中，经理的权利最明确地表达出来。正式的权威给予经理巨大的潜力，领导活动则决定了这种潜在的权利有多少被实现。因此，我们可以认为经理通过领导者这一角色把各种分散的因素结合成了一个协作的企业。

第三种，作为联络者的经理。通过调查研究，我们发现了横向关系的重要性。在许多研究中，大家都忽略了对其横向关系的研究。经理联络者的角色是同他所领导的组织以外的无数个个人和团体维持关系的重要网络。我们也可以说这是一种"交换"关系，就是说经理为了获得一些东西而给予另外一些事物。如，经理为了获得更多的优惠和信息，而参加外部的董事会。作为回报，他必须为此提供出自己的时间和专业的知识。

经理职务中联络者这一角色，代表了他的组织同环境之间的联系。发言人、谈判者以及传播者这些角色进一步发展了这种联系。经理经过他的联络者角色建立了外界的联系网。而在其他的角色中，他则会利用这个网来获得这种联系所提供的好处和信息。

总的来说，经理在联络者的角色中，由于他的权利和与之相联系的地位，能建立起一种较特别的外部联系系统。

2.信息方面的三种角色

经理研究中的第二类管理活动同信息的接受和传递有关。他们的邮件以及口头联系中有很大一部分都带有情报性质，如：邮件中的参考资料、报告、各种主义以及其他项目。因此，第二类角色被看做信息方面的角色。

经理在接受外部信息方面处于独一无二的地位，同时他接受所有来自各方面的各种内部的信息，由此可以看出，经理是组织的"神经中枢"，经理的身上将体现出他所在的组织中非城市化的信息流程。经理作为"神经中枢"的特点则表现在以下三个方面：

第一，作为监听者的角色。在这一角色中他掌握自己的组织和环境的情况。作为监听者的经理经常寻求信息，并接收到大量的信息。这种做法能够使他掌握组织以及环境中不断发生的一些事情。明茨伯格所研究的总经理接到的信息有以下五类：①内部业务，这包括组织中业务的进展以及与这些业务有关的各种事件的信息。②外部事件。总经理通过搜集可以获得有关以下方面的信息：顾客、竞争者、人事联系、供货者以及市场变化、政治变动、技术的发展等。他的个人联系使他能得到有关业务的各种事件和议论的信息。③分析报告。经理会从不同的来源得到不同事件的分析报告。④各种意见和倾向。经理采用各种方法来更好地了解和获得各种新的思想，从各种联系和下属中获得各种意见。⑤压力。除了以上平常形式的信息外，经理还将从各种形式的压力中获得信息。

第二，作为传播者的经理。由于经理获得信息的特殊地位，使他必须担任传播者的重要角色。将外部的信息传播给他所在的组织，并把内部的信息从一个下属传播给另一个下属。

第三，作为发言人的经理。经理的传播者的这一角色是向组织内部传递信息，而其发言人角色则是把信息传到其组织之外。作为正式的权威的代表者——经理，被要求代表他的组织来讲话。

作为发言人，经理需要将他所获得的信息传递给对组织有着重要影响的那一批人，即董事会以及组织之外的公众这两个集团。经理必须向这两个集团：影响者和一般公众，传递有关的信息。

此外，为了维持他的联系网络，他必须把自己的信息同他所联系的人共享。由于这两种要求，所以经理所掌握和了解的信息必须具有即时性，这一点非常重要。为了有效地为他的组织说话，以及为了获得组织以外的人的尊重，经理都必须表明他有关自己组织及其环境的信息直至最近一分钟的最新情况。

3.决策方面的四种角色

组织中所做的每一项重大决定都与经理有着非常紧密的联系，经理对他组织的战略决策系统负有全面的责任。原因有三：①具有正式权威的经理，是唯一能使他的组织采取新的和重要的行动路线的人。②作为神经中枢，经理能最大限度地保证重大的决定反映当时所有的情况和组织的价值标准。③由经理对各种战略决策进行控制，只有他才可以将各种决策更好地结合起来。下面对决策方面的四种角色加以阐述。

第一种，作为企业家的经理。这时，经理在他的组织中担任大多数可控变化的发起者和设计者。经济学家在使用"企业家"这个词时强调的是开创一个新组织的工作，而我们强调的则是同现有的组织中与组织的变革有关的全部管理工作。

视察活动企业家工作的开始。作为他的监听者角色的一部分，经理用许多时间对他的组织进行视察，寻找各种机会以及可以被认为是问题的各种情况。经理在发现了一个问题或一个机会以后，则开始决定是否有必要采取行动，以改进组织的目前现状。决策的设计阶段就从这里开始了。经理在企业家这一角色中，在进行决策时则可以选择三种方式：

（1）授权。是指对于某些最不重要的——改进性方案，经理在两个阶段都用授权的方法。他自己的参与只限于选择一个处理该事的下属，并不言而喻地保留撤换该人的权利。

（2）批准。是指对某些改进性方案要更严密地加以控制，因为它们或许包含更多的风险抑或会成为重要的先例。在这种情况下，经理会在设计阶段实行完全的授权，而保留选择阶段的权力。当设计阶段的工作已经被下属完成以后，便会要求经理对设计的行动路线予以批准。采用这种方式，经理不必在设计工作上花费时间而能保留对行动的最终控制权。

（3）监督。最后，经理对某些决策方案的设计阶段保持权力并加以监督。

经理在企业家角色中，他的职能既是组织的重要可控变革的发起者，同时也是设计者。这种变革以改进性方案的形式出现。其中有许多直接由经理来监督，并且同时全都是在经理某种形式的控制之下。

第二种，作为故障排除者的经理。企业家的角色让经理将注意力集中于组织的可控变革的自愿行动上，而故障排除者的角色则是让经理处理非自愿的情况以及部分非经理所能控制的变革。一件未及预料的事件可能引起故障；一个过于长久被忽视的问题可能导致一次危机。在这类事情发生后，经理必须采取行动，因为这些对他的组织所产生的压力很大，他不能忽视不管。故障的类型有很多种，其中较为普遍的有三种类型：①下属之间的冲突。②一个组织与另一个组织之间的矛盾的暴露。③资源的损失或是受威胁。

第三种，作为资源分配者的经理。由于战略是由重要的资源的选择决定的，所以资源分配是组织战略制定系统的核心。作为正式权威的经理，则必须监督对组织资源进行分配的系统。

我们这里所讲的资源分配是从广义上讲的。组织资源包括金钱、材料、时间和设备、人力以及信誉等。经理可以对资源中的每一项进行肯定或否定地分配，也就是可以决定是耗用这些资源还是将这些资源保护起来。

经理可以用各种不同的方式来分配资源，如：安排他自己的时间，向下层分配工作，制定或批准预算等，通过任何一项决策来分配资源。通过研究发现，资源分配包含三种主要因素：安排时间，安排工作以及批准行动。其实我们也可以将其看做资源分配者的角色所具有的三个组成部分。

第四种，作为谈判者的经理。谈判活动的参加者是经理的最后一种角色。组织不时地需要同其他组织或个人进行重大的、非程序化的谈判。经常都是由经理率领他的组织参加谈判。作为挂名首脑，他的参加能够增加谈判结果的可信性；作为发言人，他是其组织的信息和价值系统的代表人；作为资源分配者，他发挥自己的权利支配着组织的资源。因此这就要求参加的人员具有足够的权利来支配那些情况未定的资源，并随之作出决定。

以上是对经理十种角色的阐述。这十种角色是互相联系、密不可分的一个整体。经理在组织中的正式权威和地位产生人际关系方面的角色，也产生出信息方面的三个角色，使他成为某种特别的组织内部信息的重要神经中枢。而获得信息的独特地位又使得经理在组织作出重大战略性决策时处于举足轻重的中心地位，使其得以担任决策方面的四个角色。这三大类十项角色表明，经理从组织的角度来看是一位全面负责的人，但事实上同时又要担任一系列的专业化工作。

第四节 经理的工作变量

明茨伯格通过对其所研究的五位总经理在工作中的差别进行分析，以及对研究中确定为不变的变数（如经理的职位的类型和组织的大小）进行考虑，建立起了经理的工作权变理论框架。按照次框架，我们可以看出一经理在某一时刻的工作是由四组"同类的"变数对基本的角色要求和由工作特点的影响所决定的。

首先，最为广泛的是环境方面的变数，就是说经理的职务受到该组织、该产业部门的环境以及其他因素的影响。其次，职务方面的变数，即该职务在组织中的级别以及它所担任的职能所产生的工作变化。再次，个人方面的变数，我们可以理解为在某一职务之中存在着因为一些人而产生的各种变化。最后，情绪方面的变数，是指在某一具体个人的职务中还存在着一些由于情绪而产生的一些变化。

1.环境方面的变数

影响经理工作的环境方面的因素有很多。包括周围环境的变化、产业部门的性质、工艺类型、组织的年龄和规模大小、竞争以及包括组织本身具有的各种特点。但是对于这些影响我们经理工作的环境因素我们了解的却很少。我们只有对两组变数即组织的规模的和产业部门的性质加以说明。

（1）组织规模的大小。通过研究我们发现，组织规模的大小对我们高层经理的工作有着极大的影响。小规模组织的经理较少从事正规性的活动（事先安排的会议、礼仪活动等），大多是将注意力集中在业务方面，更多的是从事内部的业务活动。而在与外界的联系方面，他们绝大部分都是同供货者和顾客等之间进行业务间的联系；而担任领导者角色和信息处理者角色的时间较多。通过乔兰的一项研究说明，小规模组织的经理有八分之一左右的时间用在了两种新角色的工作上，即专家和代替操作者。①专家角色，任何一项可以为他的组织带来福利的职能对他来讲都是重要的，所以此时他就开始担任这个职能的专家，他随时以专家的身份出现。②代替操作者。小企业中常常出现人手不足，经理作为一个全面负责的人，在有任何需要时他都会出现进行代替。

（2）产业部门的影响。工商业组织同公共组织（或准公共组织）的经理在工作上有差异，经理在不同的产业部门要求采用不同的工作方式。而在动态环境中经营的组织的经理同在较为稳定的环境中经营组织的经理之间的工作方式也存在着差别。公共组织面对着各种外部力量更复杂的组合，其决策在政治上会更为敏感，因而必须要更加仔细地将各个利益集团之间的利害关系进行衡量，以便使它所采取的行动合法化。因此在正式的活动上，在会见外部的集团、顾客和董事上花费的时间也会更多。也因此，联络者、发言人以及谈判者角色对公共组织的经理显得更加重要。

工商业组织比公共组织面对着竞争性更强的环境，其经理需要有更新、更完备的信息来对付竞争者的突然动向，因而他们会花费更多的时间在非正式的信息交流上。其中层经理则在企业家角色方面所占比重较大。如咨询行业、金融行业和服务行业的经理比制造行业的经理更重视联络者角色，在外部联系上所花费的时间更多。

2.职务本身所存在的变数

这包括了职务的级别以及所负担的职能。

（1）经理的职务受等级的影响。如果经理的等级较低的话，那么他会将精力更多地集中在具体的作业方面，那么短暂以及琐碎的特点则会显得更加突出。也就是说挂名首脑角色此时不再受到重视，而受到重视的是故障排除者以及谈判者的角色。他们对工作流程的维持更加关心，因此更偏重于在实时的基础上进行作业。但这并不能说较低等级的经理对职务缺少个人控制力。对绝大多数职务来说，不论其等级如何，职务和设计以及他们应对压力的个人能力决定了他们对职务的控制力。但是，经理所作决策的时间幅度却同他们的级别有关。级别愈低，决策的时间幅度会愈短。等级较高的经理则会在正式的信息联系花费更多的时间，他们外部联系的范围会较广，在决策的上会用较长的时间，他们所要的处理的问题会更为复杂并互相交错，并且他们用在工作上的时间会更长。

（2）按职能划分的角色的专业化。调查资料显示，所担任的职能也是经理工作存在变化的原因。正如在生产、销售、参谋等部门的经理在不同的角色上所花费的时间是不同的。①直线生产经理。他们更加重视决策方面的角色，特别是故障排除者和谈判者的角色。他们单独工作的时间较少，但是同下属在一起的时间较多，他们工作的变动性较大，工作较为琐碎。②直线销售经理。他们的侧重点是人际关系方面的三种角色，他们更在意外部联系。挂名首脑的角色和联络者的角色对他们具有很大的重要性。同时他们也会用相当多的时间来培训他所领导下的销售人员。③参谋专家经理。这些经理负责专业的、技术职能单位。其中包括对会计师、工业工程师、计划师、工业关系专家、人事专家、研究工作者、社会工作者以及其他参谋专家进行管理的经理。他们的时间多数花在独自工作和从事文书工作上，工作中存在的琐碎性和变化性很少，对同等级别的人和横向关系方面提供意见的时间较多，在专业职能上花费的时间较多。他们可是说既是经理，又是专家，所以他们花费相当多的时间在自己的办公桌上进行工作，并且对组织中的"顾客"提供咨询服务，信息处理方面的角色对他们有特别重要的意义。经理职务中的差别与职务本身所具有的特点是息息相关的。

3.个人方面的变数

担任经理职务的人的价值观、他的个性和风格对他所做的工作有影响。这就使得有的经理注重承担联络者、挂名首脑和发言人等外部联系的角色，而由下属处理那些需要领导者、故障排除者等角色处理的许多活动。有些经理则相反，他们由自己承担组织内部的事务，而对外联系的事情则是交给他们的下属去处理。有的时候还会形成一个经理小组来共同担任经理的职务。如：一家企业中有三个经理分摊三个角色，一个人担任对外联系的联络者、挂名首脑、发言人、谈判者等角色；一个人担任传播者、故障排除者、资源分配者等内部的角色和部分领导者角色；第三个人则处理非常规的革新性事务，担任企业家角色和部分的领导者角色。

4.情境方面存在的变数

包括许多与时间有关的因素。一个人会在一个确定的环境中担任一项确定的职务，其职务并不是一成不变的。他们的职务多数会随着情境因素而产生变化。这些因素有很多，如年度的预算要求、周期的扩展计划等等。同时随着社会和时代的不断进步，经理的工作也随之发生着变化。在情境方面存在的变数有以下几点：

（1）周期性的模型。经理的工作往往发生周期性的变化，但这个周期一般是以月或年来计算的，因为在一天或者一周当中他们的工作很少发生大的变化，因此很少采取每日或每周的周期性模型。例如，学校负责人在年终工作的担任挂名首脑的角色会增多，而很少担任信息接受者的角色。

（2）变动和稳定周期。经理要在组织的变动和稳定中进行平衡。实现的方法是使剧烈变动的时期同稳定巩固的时期相交替。在剧烈变动的时期，处于主导地位的是经理的企业家角色和谈判者角色；在稳定巩固时期，经理的领导者角色和故障排除者角色处于主导地位。

（3）面临威胁的时期。有许多组织的纠纷是比较少得，也许可能要做某些新的安排，但是这不需要因为正常的工作模式作出重大的改变而必须迅速进行处理。经理这时担任的是挂名首脑、发言人和企业家的角色。但是，在有些情况下，组织会面临着巨大的威胁。在这时，故障排除者和领导者的角色在经理的角色中处于最重要的地位。在紧张的威胁过去以后，接着就是一个恢复联系和补充资源的时期。这时，联络者、发言人以及资源分配者等角色又处于重要地位。

（4）新职务的模型。经验是对经理工作极具影响力的一个因素。新担任经理职务的人会花费相当多的时间去建立联系和搜集信息，担任联络者角色和信息搜集者角色。当他搜集到足够助信息并建立起必要的联系以后，他会经历一段革新的时期，即企业家角色。当这个时期结束以后，他将安顿下来开始担任他的十种角色。

（5）社会方面的转变。社会以价值观的转变以一种缓慢而持久的方式影响着经理的职务。有两种趋向是较为明显的：第一种取向是，组织在内部日益民主化。经理将会面临着越来越大的压力，会对他们的下属的个人需要更加敏感，因而经理会加强领导者角色。第二种趋向是控制组织的权利系统的规模和复杂性逐渐增加。出现更大范围的组织联合，处于外部环境和组织的交界面的总经理必须应付这种复杂的利益的综合。这导致经理挂名首脑、联络者、发言人以及谈判者等角色越发重要。像时间这样的情境因素有很多，而且总是不断地发生着变化。他们以不同的方式影响着经理的职务。

赫伯特·亚历山大·西蒙:

决策理论

第一节　西蒙简介

西蒙

赫伯特·亚历山大·西蒙，是一位在多个领域中都对我们有着重要影响的旷世奇才。西蒙兴趣广泛、学识十分渊博，他从事着多个领域的研究工作，例如在经济学领域、政治学领域、人工智能领域等领域中都作出了举世瞩目的贡献，因此获得了诸多国际上的殊荣。

西蒙于1916年6月15日出生在美国威斯康星州密尔沃基的一个中产阶级家庭。他的父亲是一名在德国出生的电气工程师，一生中也有几十项的发明专利，父亲做事认真严谨的态度对西蒙有着很大的影响。他的母亲出生于一个钢琴世家，是一位多才多艺的钢琴演奏家，并在音乐专科学校任教。

西蒙在小学时就读于密尔沃基公立学校。由于他聪慧过人，他6岁开始上学，不到17岁就高中毕业了，在高中和大学时西蒙都比他的同班同学小了两到三岁。

1933年，西蒙进入芝加哥大学的政治系就读，师从挪威经济学家特里夫·哈维默与荷兰经济学家特亚林·科普曼斯。在大学期间，西蒙调查研究了密尔沃基市游乐处的组织管理工作。通过研究，一下就将西蒙在行政管理人员是如何进行决策这一问题上的兴趣激发起来了。这也成了他一生奋斗的重心所在。天资聪慧的西蒙，在大学期间，获得了大量的有关政治学以及经济学的基础知识，同时也熟练掌握了高等数学、符合逻辑以及数理统计等重要技能。而这些都为他以后的发展奠定了良好的基础。

1936年，西蒙由芝加哥大学毕业，并取得了该校政治学的学士学位。在毕业前夕，西蒙结识了国际城市管理者协会主任、芝加哥大学兼职教授里德里，西蒙选修了他的课程并参与了他的课题研究。22岁那年，西蒙担任《公共管理》月刊与《地方年鉴》的助理编辑。毕业后，他应聘到国际城市管理者协会ICMA工作，很快在用数学方法衡量城市公用事业效率方面成了专家。也就是在这里，他第一次接触到了计算机，对计算机的兴趣和实践经验对他后来的事业产生了重要影响。

1937年圣诞节，在威斯康星州米尔沃尔，西蒙完成了人生中最重要的一件事情，他与芝加哥大学社会学系秘书多萝西娅·派伊完婚。

西蒙在参与里德里课题时所作出的成就，让加州大学伯克利分校产生了浓厚的兴趣，他们对西蒙发出了邀请，希望他可以设计洛克菲勒基金会资助的地方政府研究项目。1939年，西蒙接受了加州大学伯克利分校的要求，成了地方政府研究项目的主管，这期间，他已经逐渐形成了自己的在管理学基本问题方面的研究思想，并在此基础上完成了博士论文，内容是关于组织机构如何决策的研究。这一论文成为其代表作《管理行为》的雏形。

在完成了洛克菲勒基金项目之后，西蒙来到了伊利诺伊理工学院，在该校的政治科学系担任教师一职，在这里西蒙共工作了七年。工作期间，西蒙也曾担任过政治系的系主任一职。西蒙在这里的任教过程，使得他在管理科学的研究更加深入，同时他开始将数理逻辑方法用于社会科学各领域的研究。在1943年，西蒙顺利地通过了芝加哥大学的评审与答辩拿到了毕业证，芝加哥大学授予西蒙政治学博士学位。从1943年至1979年，西蒙先后获得过加利福尼亚大学哲学博士、耶鲁大学科学博士、法学博士、凯斯工学院科学博士、瑞典伦德大学哲学博士、麦吉尔大学法学博士、鹿特丹伊拉斯莫斯大学经济学博士、米之根大学法学博士以及匹茨堡大学法学博士等学位。西蒙的博学让人为之惊叹。

1949年，西蒙来到卡内基-梅隆大学的经济管理研究生院，担任行政学教授与工业管理系的主任。西蒙在这里所从事的研究可以说汇集了他一生中所有辉煌的成就。

在1956年，西蒙的研究重心发生了重大的转移。在位于美国新罕布什尔州汉诺威市的达特茅斯学院汇集了来自数学、神经学计算机科学等数十个领域的学者，他们对如何用计算机模拟人的智能展开了激烈的讨论。也是在这里，人工智能这一新的科学领域在麦卡锡的建议下正式成立，这次会议的成就也使得西蒙被誉为"人工智能之父"。

在1961—1965年间，西蒙任社会科学研究会理事会主席。1968—1970年，任全国研究理事会行为科学部主席。1968—1971年，任总统科学顾问委员会委员。

20世纪60年代末70年代初，西蒙提出决策模式理论这一核心概念，为当前受到极大重视的决策支持系统DSS奠定了理论基础。

1980年，西蒙被中国天津大学聘任为该校名誉教授，并派出一些学者在西蒙指导下进行短期记忆方面的研究。

2001年2月9日，这位对我们有着重要影响的旷世奇才去世，享年85岁。

西蒙可以说是西方决策理论学派的创始人之一。他在巴纳德的理论基础上对社会系统理论进行了扩展，尤其是决策理论，吸收了行为科学以及计算机程序科学等多种学科的内容，对经济组织内的决策程序进行了开创性的研究。西蒙在管理学上所作的第一个贡献就是提出了管理的决策职能，而第二个贡献则是建立了系统的决策理论，并提出了人偶限度理性行为的命题和令人满意的决策的准则。可以说，西蒙在管理学上为我们带来的贡献与影响都是巨大的。

西蒙的主要作品及其成就

1947年，出版《管理行为》。

1950年，与史密斯·伯格合作出版《公共管理》。

1952年，在经济研究评论上发表《组织理论的比较》。

1955年，在经济学季刊发表《理性抉择的行为模型》。

1956年，在心理学评论上发表《理性抉择与环境结构发》。

1958年，与马奇合著《组织》。

1960年，出版《管理决策新科学》。

1969年，获美国心理学会杰出科学贡献奖。

1975年，获美国计算机学会图灵奖。

1976年，获美国经济学会杰出会员奖。

1978年，获诺贝尔经济学奖，同年获国际人工智能协会杰出研究奖。

1979年，出版《思维模型》。

1982年，出版《有限理性模型》。

1983年，获美国科学院学术贡献奖。

1984年，获美国政治科学学会麦迪逊奖。

1986年，获美国总统科学奖，同年获美国国家科学金奖；

1988年，获美国运筹学学会和管理科学研究院冯·诺伊曼奖，同年获美国心理学基金会心理科学终身成就奖。

1993年，获美国心里学会终身贡献奖；

1995年，获美国公共管理学沃尔多奖，同年获国际人工智能学会终生荣誉奖。

西蒙在学术上的影响是广泛而深远的，而他对于决策过程理论的研究更是开创性的。西蒙是唯——位获得诺贝尔经济学奖的管理方面的人。他的理论已经渗透到管理学的不同分支，成为了现代管理理论的基石之一。

第二节 决策过程

管理就是决策

在现实管理中，我们可以清楚地认识到，在我们进行任何活动开始之前，都要先进行决策，决策问题存在于管理人员进行的任何一项管理活动中。如：我们制订计划，决策就是在两个备选的方案中选定一个行动方案来试试；设计组织结构，决策就是确定权责分工；进行实际情况与计划的比较，选定控制手段，我们也可以将其视为决策。也就是说，决策贯穿于计划、组织、控制等各方面。组织的各个阶层人员也都要进行决策。高层的管理人员对组织的目标和方针进行决策，基层管理人员要对自己每天工作安排进行决策，以便执行部门目标和计划。由此可见，决策是贯穿于组织的各个方面、各个阶层和组织活动的。

因此，西蒙说："为了了解决策的涵义，就得将决策一词从广义上予以理解，这样，它和管理一词几近同义。"就决策的一般过程来看，西蒙认为，决策是一个由一系列相互联系的阶段构成的完整的过程。他指出，通常人们对"决策制定者"这一形象的作用描绘得过于狭窄，将决策制定者看做一个能在关键抉择时刻，在十字路口选定最佳路线的人。但是他们只注意了最后作出选择的那个瞬间，将完整的全过程忽略掉了，所以歪曲地描绘了决策。

在西蒙来看，组织就是作为决策者的个人所组成的系统。决策贯穿于管理的全过程，管理就是决策。

决策的过程

按照西蒙的说法，决策制定主要包括了四个主要的阶段：

（1）找出制定决策的理由，这一阶段主要是收集情报，找出制定决策的依据，因此，我们可以通俗地称之我情报活动阶段.

（2）找到活动的行动方案，这个活动是针对已经制定出的目标，利用现有的资源和情报，制定出可以采取的行动方案。由于人们事先往往要设计出若干个不同的方案，然后从这些不同方案的比较、分析中择优，因此，这些事先设计的方案人们通常称作"备择方案"、"代替方案"或"可能方案"。而这一阶段我们也可以将其称为设计活动阶段。

（3）在众多行动方案中进行选择或者说选择活动阶段。这一阶段就是从已经制定出的几个方案中选择出最优的一个方案。

（4）对已进行的选择进行评价，即审查阶段。这一阶段的活动是在对选择出的方案的实施过程中进行进一步的审查、评价该方案，以便对方案给以补充和修正，使其更趋于合理。

在经理的时间表上，这四个阶段占据着不同的分值。经理及其职员将大部分的时间用来调查经济、技术以及社会形势，以判断需要采取新行动的新情况。同时他们也会用大部分的时间来制定几套行动方案，来应付需要作出决策的形势，但是他们放在选择他们为解决已经确认的问题而制定的而且对其后果也已作过分析的抉择行动上的时间很少。他们还需要用一定的时间去评估作为重复循环一部分的、再次导致新决策的过去行动的结果。这个组合就是经理所要做的主要事情。

上述各个决策阶段必须循序渐进。就是说，只有进行了情报活动，才有可能设计备择方案。有了备择方案，才有可能从中选择。有了方案执行结果的审查、评价，才能确保组织活动的顺利进行，并为新的决策提供依据。它们是互相交织的。例如，在设计阶段，可能发现情报不充分，需要补充新的情报；也可能发现原定目标无法达到，而要求重新收集和分析情报，以确定新的目标。在方案的选择阶段，可能发现现有的备择方案都不能令人满意，因而需要重新进行设计活动，以提出新的备择方案。

总之，在任何一个决策阶段中，都可能产生一些问题，这些新的问题都需要有各自的情报、设计和选择活动。所以，西蒙说，这是一个"大圈套小圈，小圈之中还有圈"的复杂过程。

在决策过程中，计划和审查对决策有着重要的影响。

（1）计划过程。通过这个措施，可以在作出正式决策吸收各类专家的知识和经验。我们都知道我们所作出的计划是必须获得有关的权力机构批准，但是计划过程却可让各方面的专家能不接受权力路线的限制而被吸引来提供他的知识和经验。在拟订设计的过程中，各种建议和意见可以从组织的不同的部门提出来，但是又不会产生出破坏了"统一指挥"的现象。这是因为，在应用计划过程做出决策时，只是在该过程的最后阶段才同正式的组织有关，而在向各方面的专家咨询的时候，他们在等级组织中的位置是不会影响决策的。

（2）审查过程。这一措施能产生让组织成员为他制定决策的各种内部和外部条件负责的效果。在管理过程中处于领导地位的人，通过审查这一措施可以确定其下属真正做得好与不好，到底如何。审查的方法基本有两种：一种是对下属在工作活动所产生的成果进行审查，这可以通过对下属的目标、有形产品或其活动来衡量；另一种是对下属的工作情况进行审查。这可检查下属投入工作的时间或检查其从事一定的活动。这样所产生的作用是：一是可以了解下属所作决策的质量；二是影响以后的决策以便改进；三是纠正原来的不正确决策；四是对违反规章的下属进行制裁。

在决策过程中，西蒙等人还特别强调信息联系所起到的作用。信息联系被他们定为是决策前提，是从一个组织成员传递给另一个成员的任何过程。而被进化传递的决定前提，则是以命令、情报或建议等多种形式出现的。

信息联系是一种双向的过程，它可以从组织的决策中心向组织的各个部分传递，也可以从组织的各个部分向组织的决策中心传递。也就是说，决策传递过程是向上、向下并"水平地"贯彻于整个组织。信息传递途径又可分为正式渠道和非正式渠道两种，西蒙等人对信息传递的非正式渠道更加重视，而把权力机构的"正式网络"放到次要的地位。所谓正式渠道包括：等级线路和职能线路，如我们通常说见到的通知、指示、会议传达布置和各种交流，以及情报组织收集。非正式的信息联系则是对正式的信息联系的补充，虽然如此，但非正式的信息联系却有着特殊的机能。它可以更灵活、更迅速地适应事态的变化，省去许多文件和程序，但有时难以控制，且可能形成派系。事实上，在我们的实际决策时利用的情报大部分是由非正式信息联采传递的。

西蒙对信息联系过程中产生的各种困难和障碍作了详细的分析，在信息联系的整个过程（包括信息的设计、传递和接受）中，存在着各种各样的障碍因素，会发生各种阻塞和歪曲。如：决策专门化产生的错误和偏见，阶层地位的差异造成的伪装和歪曲，地理位置上的差距带来的联系上的困难，对情报的偏向性产生的自我庇护，其他工作的压力造成的推延等。

有鉴于保证信息联系这一问题的复杂性，为了克服这些妨碍因素，在绝大多数组织中有必要成立一个特别的"信息联系服务中心"和良好的信息系统，以收集、传递和贮存各种情报。这主要应该借助于电子计算机。

西蒙等人认为，当代是信息大量产生、形成"信息爆炸"的时代，重要的不是获得的信息，而在于对所收获的信息进行加工和分析，使它们对决策有用。决策者需要的是对决策有意义的信息，所以对信息的提供应当有一定条件的限制，不符合条件的信息是不应输送给决策者的。要认识到人脑处理信息的有限性而须重视信息的处理效果，作出好的组织设计和决策。计算机在处理信息时，如果输入大于输出，则它就起到了作用；如果输入了一大堆信息，输出的信息仍是一大堆或更多，则它就没有起到作用。因此，信息系统中应包括一个筛选系统，保证提供与决策有关的有用的信息。

决策准则和标准的确立

1. "令人满意的"替代"最优化"

传统决策的"最优化"准则是一种超于现实的理想境界，按照"最优化"准则行动的经理人，实际上是做不到的。人们之所以不能用"最优化"作为决策准则，是由于要实现"最优化"就必须具备三个前提：①决策者对可供选择的方案及其未来的后果能够无所不知，全部在其掌握之中；②决策者必须具有无限的估算能力；③决策者的脑中对各种可能的后果有一个全面并且连贯的优先顺序。但是，在我们的实际生活当中，决策者由于在知识储备、认识能力上和在时间、经费、情报来源等方面的限制上，是不可能具备这些条件的。同时组织是处于一个不断变动的外界环境中，要搜集到决策所需要的全部资料是有很大困难的，而要列出所有可能行动的方案就是难上加难。出于对资源的考虑，实际上，人们在决策中，往往也不会追求"最优化"，不能坚持要求最理想的解答，常常是指满足"令人满意的"的决策。所以我们应该将准则以"令人满意的"代替"最优化"。

2.决策中的相同目标

当所面临的问题较为复杂，涉及多种因素、多个部门时，要由有关部门共同研究协商，找出一个决策的相同目标。

20世纪60年代，美国很关心汽车排出的废气造成空气污染的问题，国会要求国家科学院予以研究。科学院组织了一个咨询委员会，下设四个小组，包括工程师、大气化学及气象学专家、医学专家、经济学家。然后由这四个方面的专家小组所创建的咨询委员会把各组的调查材料综合起来，确定一个据以决策的共同标准，找出一个各方同意的汽车排出废气的限度，作出了"令人满意的"决策。

3.决策中的防范分析

在作决策时，"令人满意的"不仅指决策对目标的实际方面。决策对目标的实际方面，同时还包括决策实行后负效应的防止和控制方面。

一项决策的实现，有时虽达到了原本设定目标，但却有可能同时出现某些负效应，从而造成不良影响。防范分析的目的是寻求可行的防患于未然的措施，通常会采用两种方法：一种是分析并防止负效应的发生；另一种是一旦发生了负效应后，尽量设法使其不良影响降低到最小。共有四步：①估计决策执行后会出现些什么负效应和不良的后果。②对每一项可能发生的负效应的危险性进行合理估计。③分析每项问题的可能问题原因及其可能性的大小，并研究和制定防止措施。④准备一定的应急措施，以便危险问题发生时把可能发生的危害减至最小。

第三节 程序化决策与非程序化决策

根据决策的性质不同，我们可以将其分为两类：（1）程序化决策，也就是处理一些重复性和常规性的例行活动的决策，处理这类活动的决策一般都已经形成了特定的程序。我们称之为程序决策。（2）非程序决策。也就是处理一些非例行活动的决策。这类活动一般表现为新颖、无常规结构，或是过去没有发生的，或是因为去确切的性质和结构琢磨不定或极其复杂，或由于其十分重要而需要以特殊的方式加以解决，等等。处理这类活动决策，我们将其称为非程序化决策。

1.程序化决策

程序化决策是指对重复出现的例行活动制定的决策。由于它是反复出现的活动，人们可以从实践经验中找到它的规律性，因而可以制定一套例行的程序加以解决，而不必每次出现都重新进行决策。而决策之所以会出现反复性，道理其实很简单，某种特定的问题反复出现多次，人们就会制定一套解决它的例行程序。西蒙强调，不论是企业还是其他的组织，都应当努力提高组织决策的程序化程度。之所以这么做的原因是：第一，决策的程序化可以加强组织的控制系统。例如，企业制定出一套标准作业程序，并将其与奖惩制度联系起来，这样便可以有效地控制每个职工的作业。第二，决策的程序化不仅可以加强组织的控制系统。还能加强组织的协调系统。例如通过制定适当的程序，就可以保证组织的内部成员之间乃至各个部门之间在活动的方式和节奏上做到协调一致，从而保证整个组织活动的正常进行。

2.非程序化决策

非程序化决策是指对第一次出现的、其性质和结构还不清楚的活动进行决策。对一个企业而言，对一切带有创新性质的经营管理问题的决策都属于这种类型的决策。对这类活动进行决策，应当按照一般的决策过程，第一步就是进行调查研究，接着按照决策过程的各个阶段来完成。而当这种类型的问题反复地重复出现时，它的决策也会逐渐程序化、例行化。进行非程序化决策虽然没有先例可以遵循。但是，人们对它也不会因此而束手无策，实际上，"世界大都是灰色的，只有少数几块地方是纯黑或纯白的"。也就是说，无论是程序化决策决策，还是非程序化决策，都只是相对而言的。他们并非截然不同，而是像一个光谱一样的连续统一体。

3.程序决策的传统技术与非程序化决策的传统技术

（1）程序化决策的传统技术

在制定程序化决策的全部技术中，最为普遍和最为盛行的技术就是习惯。组织成员们的集体记忆成了实际知识、习惯性技能和操作流程等方面的庞大的百科全书。一些组织机构招收新成员所用的庞大的开支主要是用在通过正式培训和体验为新成员提供他们工作所需要的全部技能和习惯。这种习惯性技能部分由组织提供，部分是通过选用有此习惯技能的新雇员而取得的。与习惯紧密相关的是标准操作规程，而它们的区别就在于，习惯已经内在化，记录在了人们的脑海中；后者则是刚形成一种通过正式书面形式而记录下来的程序。标准的操作规程为新成员提供了一种合乎习惯的组织活动模式的手段，而为老成员提供了一种注意那些不常使用而至今未能完全成为他们习惯的模式手段以及一种将习惯模式告之公众，经受检查、改进和修正的手段。

多少年来，人类已经拥有了一大批让人为之震撼的用以发展和维持组织对环境提出的结构良好的问题的可预见性程序反应技术。

（2）非程序化决策的传统技术

制定程序化决策我们依靠的是较为简单的心理过程。这种心理过程包括记忆、习惯、对事物和符号的简单控制等等。而制定非程序化决策所依赖的是人们尚不能了解的心理过程。也正是由于我们的不了解，所有让我们对非程序化决策的相关理论都显得空泛。

非程序化决策所面对的问题是新颖的。不确定的性质以及结构，使得决策者不能够简单地使用以前的准则和程序来解决这样的问题。他们要根据他们的经验和知识对环境作出新的判断，提出创造性的解决方案，需要他们在困难以及结构不良等环境中作出决策。

传统的技术方法则是根据决策人自己的经验和洞察力以及直觉进行判断，同时也有赖于决策者的创造精神。我们可以将凭直觉进行判断、决策的技术方法称为直觉决策。我们在以下情况中可以使用直觉决策：当存在较大不确定性时；只有极少的先例存在时；发生的变化难以有科学的预测时；获得的现实资料非常有限时；分析数据用途不大时；时间有限，同时存在正确决策压力时，等等。

在运用直觉决策时一般是遵循了在决策过程刚开始使用直觉或者在决策过程结尾时使用。在决策开始时使用直觉，决策者会努力避免系统分析问题。他让直觉自由地发挥它的作用，努力产生不寻常的可能性事件，以及形成从过去资料分析和传统行事方式中产生不出的新方案。而决策制定结尾的直觉运用，有赖于确定决策标准及其权重的理性分析，以及制定和评价方案的理性分析。但这一切做完后，决策者便停止了这一过程，目的是为了筛选和消化信息。而无论采用何种方法，都需要决策者具有较高的能力作出正确的判断从而制定有效的决策。因此，这就需要通过选拔人才并对其进行培训，以提高决策者的决策能力。

在程序化决策和非程序化决策中，适宜的组织结构有助于它们的制定。在程序化决策中建立一定组织结构，通过部门化的职责分工，建立下属的目标结构，确定权限系统和信息流通渠道。在非程序化决策中，在进行组织设计时，通过设置专门的决策职能单位，明确程序化决策和非程序化决策的职能分工，以保证此类决策得到应有的重视。

4.程序化与非程序化决策的新技术

（1）程序化决策的新技术

第二次世界大战后使得受过数学工具运用训练的科学家第一次接触到运筹和管理问题，同时科学工作者和计量经济学者带来的计量分析工具，共同导致某些管理决策的新方法的产生，因此使得程序化决策在制定中使用的方法发生了根本性的变化。

① 运筹学。运筹学将"条理性分析法"运用于管理决策的制定，特别是运用于程序化决策制定。运筹学给管理决策带来了一种称之为系统方法的观点，其工作过程为：a.经济分析与由相互作用的各成分构成的

复杂系统内的合理行为有关。b.工程师和经济学家开发了数学技术，并用于分下负责系统的动态行为。

② 数学工具。运筹学在找到解决具体管理问题的工具后，就由空谈进入到了行动阶段。这些工具包括已为统计学家、数学家、经济学家所熟悉的动态规划、整体规划、排队论以及概率论等工具。无论是哪种特殊的数学工具，在使用这些工具时都有一定的秘诀：第一，建立既可以满足所有工具的条件，同时又能反映将要分析的管理环境的重要因素的数学模型。第二，规定一个基准函数，对各种可能的行动发难的相对优劣做出有用的一种量度。第三，算出该模型并说明其特定的具体情况的数学参量。第四，将所需要的数学运算进行到底，从而获得行动方案。

③ 计算机。第二次世界大战带来了运筹学，同时也见证了作为经营管理使用工具的现代数字计算机的诞生。计算机是一种有助于数字分析，对那些使用已知的分析手段不能处理的过大且十分复杂的数学系统进行探讨分析的工具。人们发现如果对某种问题的模拟可以编制成计算机程序，那么某一个系统的行为就可以简单地通过计算机的模拟加以研究。于是人们将其运用到程序化决策中。人们通过计算机对数据进行处理，从而实现了常规的程序化决策的自动化。

这些新技术的出现成了程序化决策中的革命，电子计算机的使用使原来属于职员工作范围的那些常规的程序化决策制定和数据处理迅速的事项高度自动化。随着我们越来越多地将运筹学工具运用于过去被我们认为是靠判断力的决策，程序化决策的领域也随之迅速增大。同时计算机业将数学技术的适用能力逐渐扩展到一些很大但自动化程序较差的计算机设备问题解决上，可程序化的决策范围也随着计算机通过提供的新的模拟技术得到进一步的扩展。

（2）非程序化决策的新技术

在非程序化决策中，人们开始采用探索式问题解决的技术。在我们对待人类的问题解决和处理非程序化决策制定的问题中，开始采用人工智能技术，把电子计算机用于模拟人类思考和解决问题的过程。而探索式问题解决技术适用于对决策制定者的培训以及编制探索式计算机程序。随着新技术的发展，程序化决策和非程序化决策都已开始逐渐向自动化迈进。

第四节 制定决策的"人—机系统"

由于运筹学以及电子处理手段在决策过程中的运用，我们获得了使程序化决策自动化和使以前的某些重要的非程序化决策进入程序化领域的技术能力。同时利用探索式规划，我们也正在获得越来越多的非程序化决策实现自动化的技术的能力。西蒙则认为，通过这些进步和技术能力的革新，可以把组织中人的部分同电子的部分结合起来构成一种先进的"人—机系统"。西蒙认为，这种人同机器的关系将会有一日变成一个设计课题，并且这个课题的重要性会同人与人之间的关系系统的设计一样重要。

1.信息丰富的环境

在计算机出现以前，人们将信息存于自己的脑子中，在使用时进行回忆搜索从而获取对自己有用的信息，这就造成了信息的有限性。而建立"人—机系统"有助于我们克服知识和信息的不足。这一新技术，使得我们在需要信息之前，不用将信息再存入我们的脑子中。

在进行决策时，还可以只考虑与该项决策有着密切关系的可变因素以及结果，换言之就是要求决策者弄清哪些是重要的因素，哪些是不重要的因素，做到取其重避其轻，这样做可以大大缩小知识和信息的探索范围。其次是通过设立专门的职能部门来收集和处理各方面的有关信息，这一举措可以有效克服个人知识和信息的不足。同时，通过建立信息系统，使有关知识和信息能迅速传递给决策者。

在此，西蒙指出：我们需要强调的是，关键性的任务不是去产生、储存和分配信息，而是对信息进行过滤，加工处理成各个组成部分。我们现在所面对的问题并不是稀有的资源，而是处理信息的能力，在现代信息系统中我们最常用的功能是打印、传输和抄写等。但真正关键的是复杂的处理机，它保护我们不受大量符号流的冲击，让我们掌握对决策最有用的信息和知识。

2.组织的等级结构

西蒙将一个组织比做一块三层的蛋糕，处于最下层的是最基本的工作过程，即取得原材料，生产物质产品，储存和运输的一个过程；位于中间一层的是程序化决策制定过程，指那些控制日常生产操作和分配的系统；在最上一层的是非程序化决策制定过程，这一过程要对整个系统进行设计和再设计，为系统提供基本目标以及目的，并对它们的活动进行监督和控制。

数据处理和决策制定的自动化并不会改变这个基本的三层结构。通过自动化对整个系统进行较为清晰而正规的说明，能够使各个层次间的关系更加清楚和明确。

西蒙通过对计算机系统内分层等级的分析，指出决策制定的自动化，不管发展的程度如何，也不管其选取的方向，都不可能将组织的基本分层等级结构消除。而决策制定过程仍要求进行职责的部门化和层次的部门化。只有通过分层等级结构，那种序列性系统才可以并行处理许多重大任务。

3.集权和分权

在组织设计中，其问题之一就是决策制定过程将如何集权和分权。也就是说将有多少的决策制定是由经理去完成，又有多少应该分权给下级完成。目前，随着企业部门间的相互依赖性越来越大，计算机和自动化的引进，集权化的趋向越来越明显。

我们可以将其理解为，在企业组织里，由于程序化决策自动化的引进，从而使中层管理对基层工作的直接干预逐渐减少。并且，随着管理科学方法和信息技术的发展，已经可以将那些具有相互关联的部门决策放在一起集中处理。这就是说，随着决策系统处理相互关联问题的能力不断提高，决策更加趋于集权化。

但是，我们必须认识到，这些进步并不代表管理科学方法和计算机技术就可以代替全部决策过程，也不是说它适用于任何情况。事实上，也并没有在全部决策领域应用管理科学方法和计算机技术。虽然它对于结构良好、需要定量化的决策影响很大，而对于结构不良、凭直觉以及可以通过人们直接面谈进行决策的过程却影响很小。而且，在确定采取集权与分权决策方式时，也不能仅仅考虑决策的技术因素，还必须考虑决策的激励因素，考虑如何能使决策更有利于调动人们努力工作积极性。总之，决策的集权化和分权化都是有条件的。因此，把决策问题的性质、决策的条件和决策者的主观条件等各个方面的因素综合起来加以衡量，才能作出正确的决定。

4.权限和职责

在自动化系统中，需要人工干预的日常决策在逐渐减少。管理人员的主要职责由对决策的干预转为对决策系统进行维护和改进，以及达到对下属员工的激励及培训。基层的管理工作将只是管理工作的一小部分。管理人员将像任务小组的成员那样，把一大部分的精力都用于分析和设计，以及执行这些政策上。

但是对于中层管理人员，人们会认为随着自动化的进入，越来越多的高级管理人员的加入会使得中层管理人员变少，但其实并不会像人们认为的那样开始大大减少。其原因在于，随着自动化的实现，虽然对基层管理工作的需要较少，但对自动化决策和规划系统进行设计和维护的参谋性作业都需要中层管理人员。

5.信息系统和规划

信息对于我们组织来说起着决定性作用。信息可以指导我们分析系统的结构和动态，为我们提供近期的状态参数等。当我们将计算机引进组织后，我们对计算机提出的第一个要求就是为我们提供更多有效的信息。为了达到这个目的，人们提出了一个好的办法就是建立一个管理信息系统。

设计管理信息系统的最初工作始于可用的数据，并不是始于所要制定的决策。但是，目前的各种管理信息系统，往往都是被组织中下层管理人员所重视，而上层管理人员对其关注较少。造成这种现象的原因为，高层管理人员必须将他们的注意力更多地集中在组织外部。对高层管理有重要意义的信息系统，是那种从外部信息源收集并对信息进行筛选从而有助于进行战略决策的信息系统。只有这种系统才是真正的"管理信息系统"。

西蒙对决策所构建的理论知识，不但可以作为经济学的组成部分，用于了解和说明一些现象，而且能够为企业和非决策者提供建议和有效的方法。决策理论不但注意理论本身的建立，还注重它的实用价值。瑞典皇家科学院指出，西蒙有关组织决策的理论和意见，应用到现代企业和公共管理的规划设计、预算编制和控制等系统，效果良好，实践证明这一理论已成功地解释和预示了公司内部信息和决策的分配。同时他们认为现代经济学和管理学研究大部分都建立在西蒙的思想之上，西蒙的组织决策理论对我们企业文化理论的兴起产生了重大的影响。

第三部分

基础理论

中走出的伟大企业

福特汽车：

亨利·福特的管理理念

第一节　大规模生产

福特公司推出的T型车，受到了广大消费者前所未有的喜爱，T型车的生产可以说是供不应求，当务之急便是扩大生产。但是福特认识到单靠传统的生产方式，手工组装，是无法满足生产要求的，在经过一番考察后，福特做出了一个影响世界的生产举动，采用了流水装配作业的生产方式。

大约有五千个零件构成一辆福特汽车，过去所采用的汽车组装方式就好比是一个建筑工人在一个地点，缓慢地将一栋房子从地面造出来，效率不高，而且零件也毫无顺序地堆放在地上。这样的方式无论如何也无法满足T型车的需求。

福特决定改变这样的生产方式，他开始着力研究大规模的生产流水装配线。力求每一道工序都可以井然有序地进行，中间毫无间断，一次性提高生产率。

受科学管理之父泰勒流水线生产理念的影响，1913年，在高地工厂的发电机车间，世界上第一个生产流水线建成了。福特的要求就是，流水线的任何布局都要保证工作可以不受阻碍地从一台机床"流"到下一台机床，减少工作中所存在的不必要的多余的隔机搬运动作。虽然流水装配线已经建立起来，但是这不意味着可以满足大规模生产的要求，因为还将面临着许多重要的调整工作需要做。由于是流水线工作，可以说是一气呵成，中间避免了不必要的停顿，所以整个生产其实就是部联动机，中间任何一个环节都不能出错，哪怕是一个极小的错误，都可能会使整条流水线无法工作，所以对于每一道工序需要多少时间，为这个工序配多少员工都需要经过精确的计算。经过一年多的时间，福特公司的这道流水装配线终于正式投入生产。

在流水装配线中，生产工序被分成了数个环节，由于工序的细化，工人们所进行的工作更加明确、细致，产品的产量和质量也因此有了大幅提高。最初所谓的装配线，就是通过运输机器将所需的零件和材料以最快的速度送达到工人的面前，工人们只要按照设计将零件装上去就可以了，这达到了作业的最高效率。之后，技术人员又将这种材料的配送发展成了运输带上"流"动的作业，此时，就可以通过运输带上材料和零件的"流"动速度来控制作业速度。流水装配线的运用，效果是显著的，显而易见的就是工作周期有了大幅的缩短，这促进了生产率的提高。在1913年，福特汽车的生产量已经由前一年的82388辆提高到了189088辆。工作效率之所以有了如此大的提高，一方面是由于工人工作的细致，使工人可以熟练掌握自己所需操作的工序；另一面是由于在工作中锉削零件和调整的工作都被省略掉了，零件都是调整好的，工人们只需要进行简单的组装。

虽然如此，但是很快问题也出现了，那就是工人从一个装配位到另外一个装配位的问题，这无疑是要产生走动的，这就耽误了时间。为了解决这一问题，福特又做出了另一个新的举措，就是装配了移动的总装线，这也意味着，工人们不需要再来回走动，只要站在自己的工作岗位上，总装线就会将汽车送到他们面前，这就省去了工人们来回走动的时间，而且一直都处于运动中的总装线也加快了工作的速度。这时装配一辆汽车所需要的时间已经由原来的12小时28分钟缩短到了93分钟。这时的福特可以说已经走上了大规模生产方式的道路。

从大规模生产方式在福特汽车生产中的运用，我们可以看出大规模生产方式的特征。在大规模生产方式中，分工思想得到了最大限度的利用。在福特公司，分工的细化不仅仅存在于工厂里，同样的，这样专门的分工也存在于工程部门中。比如，将他们原来所承担的一切工作，如零件的设计、制造零件机床的开发、车身设计等，都进行了更细致的分工，各自承担符合自己专业的工作。

伴随着市场需求，产品的种类越来越多，相继的工程专业的划分也越来越细。专业的工程师也随之发现，他们的沟通只限于自己专业的范围。但是，随着产品日益负责化，细致的分工就使得人只关注自己的专业范围，这就造成了不同专业之间的沟通的障碍。

此外，在大规模生产中，组织结构追求的是纵向一体化。也就是每项工作都由自己来完成，这在很大程度上降低了成本。福特考虑到，对自由市场上松散的采购关系，如果单单依靠这种采购关系，那必然是困难重重的。因此，在组织结构上进行调整，市场的作用则由组织的保证来代替。

而面对贸易壁垒对成品汽车进口所带来的阻碍，福特则是将汽车的总体设计、工程方面的设计以及零部件的生产都集中放在了底特律，而对于汽车的总装则是分散在了不同的地方。

在大规模生产方式中，对于所有工厂产品品种的生产，福特一直都坚持单一产品品种，坚决杜绝外界的协作。如只在达根汉工厂生产Y型车，A型车则只由鲁奇工厂生产，鲁奇工厂也不会参与其他型号车型的生产。甚至在原材料的运输和采购方面也同样应用了这一原则，福特会自备船将明尼苏达州的矿和煤运到鲁奇厂。

在大规模生产方式中，还有一个特征就是，将专用工具按顺序排列机床，这么做的优势就是变换零件时调试时间可以大幅减少。基于福特工厂都只生产一种产品的原则，因此就可以按照工艺的顺序来排列机床的顺序，每道工序都是紧密相连、井然有序进行的。

TIPS 小贴士　流水装配缩短了生产工时，实现了大规模的生产方式，提高了效率，它的出现是工业生产的一次革命，对全世界的工业生产都有着重要的意义。

第二节 人是最重要的资源

在福特看来，人是最重要的资源，因为人既是生产者，也可以成为消费者。在管理中我们应该如何利用好这个资源，福特用他的实际行动告诉了我们。

福特明确指出，要把工人当做人，当做伙伴，而不是生产机器。

首先，在工人的待遇福利方面，福特公司超越了其他公司。

在最开始生产T型车的几年时间里，福特汽车中只有极小一部分零件采购自公司外，其他的生产则尽可能地在企业自己的控制下进行。我们可以将福特公司看成是，已然实现垂直一体化的企业。

正是这种生产方式的产生，使福特公司在1913年至1914年间，生产实现了翻番，年净利润超过了1359万美元。但是工人的数量却出现了锐减。据调查，新的生产方式使工人的劳动程度有了数倍的增加，当多劳多得的分级工制度取消后，更加严重地打击了工人的积极性，一大批工人纷纷离开了福特。在1913年，公司的工人队伍的变更率更是高达380%。假如一个公司培养出一名熟练的工人需要100美元的话，那么福特公司一年下来仅仅在工人辞职这一方面所造成的损失就高达100万美元，还不包括一些因为辞职而造成的间接损失，这是一个让人感叹的数字。

因此，在这一年里，福特宣布对企业工人的工资作出调整，调整为每天5美元。在1918年，T型车生产的顶峰时期，薪金一度被提高到了每天6美元。这在当时可以说是相当可观的一个收入，比同行几乎高出了两倍之多。此时很多人会认为，这无疑会增加生产成本，因此影响收益。但是恰恰相反，工资的提高，使公司的缺勤率降低到了原来的二分之一。此举动也增加了员工的荣誉感，让他们以成为福特的工人为荣。在当时，可以说有了福特工厂的厂标，就相当于有了生活的保障。相继，福特还制定出了工人每天只工作八小时，五日工作周等福利政策。而在雇佣女工方面，福特的待遇也高于其他公司。他坦然，他付给女工高工资，是为了让她们可以有资本打扮得出众，然后嫁给公司的男工人，这样可以让男工人安心地投入生产，提高生产率。

这一系列的措施，并未让人们所担心的公司赔本的现象出现，反而大幅地提高了公司的纯收入。在当时，福特公司的纯收入一度直逼5亿美元。其实这些措施所带来的效果并不难理解，工人们在高工资、高福利的刺激下发挥出了更高的生产能力，这样反而减少了在每件产品上的生产成本，工人们可以尽心尽力地进行生产，产量一路飙升，这就抵消了提高薪资的成本。

生产率的提高对福特来说只是实施高工资、高福利措施一方面的收益；另一方面则体现在了消费方面，对于当时福特给工人开出的高工资，可以让他们达到中层生活水平，而汽车则是当时中层生活的一个标志，这样福特的这些工人们则具有了购买汽车的能力，这无疑又为福特开发出一批新的客户。从这里我们则可以看到无论是在生产方面还是在消费方面，其实人都是一个重要的资源，这就要求我们的管理层善于发现并利用好这项资源。

其次，福特给予了员工充足的自主制。全员参与就是一个显著的特点，员工可以参与到公司的决策中，而这样的参与给员工带来了归属感，同时满足了员工自我实现的需求。公司对于员工的独立性和自主性给予了充分的尊重，很大程度上提高了员工的积极性，激发了员工的潜能。管理层对于员工报以信任的态度，积极听取员工提出的意见，耐心解决出现的问题。事实充分地证明，一旦员工参与了管理，生产率就会有大幅的提高，公司可以得到强大的原动力。

在公司中，工人有了一定的发言权，不仅能妥善解决他们所面临的问题，还对工厂的生产起到了积极的推动作用。例如，福特公司打破工人按图施工的局限，把设计拿出来放在工人面前，让其对设计提出自己的意见，由于工人是直接参与生产工作的第一人，所以他们的实践可以指导设计，提出设计师所无法考虑到的一些细节，提出行之有效的意见。当公司采用了工人的建议后，工人就会感觉到自己被认可，自我实现的需要得到了满足，这样工人愿意投入更多的热情在这项工作中，这对雇主和员工来说是一个双赢的局面。此外，还有一个好处就是劳资双方的矛盾在一定的程度上得到了缓解，这也就变相降低了公司的一部分内耗。

人才可以说是公司的中流砥柱，一个没有人才的公司，是无法走向成功的。在福特需要强调一点，并不是任何人都有获得5美元薪酬的资格。对于员工的聘用，福特公司有着严格的招聘制度，且需要经过层层的筛选，应聘者才可以得到最终进入福特的资格。

经过严格的筛选，在福特公司就职的职员，其学历也越来越高，这预示着美国的汽车制造行业将出现新一代的工人。在福特公司严格招聘工人的同时，也开始了对管理层的裁员，这么做的目的是为了让员工自己担负起他们的责任，投入更多的精力与热情在他们的工作中。这样既保证了产品的质量，同时还可以让一线的工人通过亲身感受对生产过程和产品进行改进，这就给福特公司带来了另一大优势。公司这种公开招聘的制度可以说是对人事管理上权力主义的冲击以及对官僚主义的一种抑制，是对员工精神上的一种激励。

通过高工资、优福利、全员参与、严格的招聘制度等，我们都可以看到福特公司"尊重每一位员工"的宗旨。这一宗旨指导着公司领导层的思想。

在生产实践中，我们可以看到，生产效率的提高，关键在于员工，在于员工对公司的忠诚。员工对公司的认同感，可以让他们产生对公司奉献的精神。换言之，这就是雇主和员工之间伙伴关系的体现。因此我们可以肯定地提出，人是最重要的资源，而对人的尊重则会让他们更多地付出。

TIPS 小贴士

该怎么样才能做到让员工感受到自己被尊重呢？通过福特公司，我们可以总结出以下适用于各个企业的几点原则：第一，认同你的员工，让他们感受到自己的重要性。第二，认真听取职工的意见，对于好的意见给予采纳并对其进行适当的奖励，满足他们自我实现的需求。第三，要充分相信你的员工，以诚相待。

第三节 **生产成本控制法**

当我们做到成本最低时，我们才能够做到价格最低，而只有我们做到了价格最低，才有可能在全球做到最大。格兰仕曾宣称，只要把成本做到全世界最低，那么在家电行业就不会是美国、日本家电大鳄说了算，而是格兰仕。

而福特的大规模生产正是在低成本的基础上进行的，而产量的增加也造就了低成本的出现，二者可以说是相得益彰。

成本一般具有原材料、人工和费用三大要素，这三大要素直接或者间接地影响着成本单位。其实在第二节中，我们可以看到，在大规模生产中，不间断的流水线作业，提高工人的工作效率，减少了工人在工作中不必要的时间浪费，这无疑可以说是成本的降低。

在汽车行业竞争激烈的20世纪90年代初，福特公司的生产小组从一个意想不到的渠道——丰田公司得到了帮助。这家日本汽车制造商重新设计的Camry车在美国引起了轰动。后来Taurus车生产小组的负责人兰格拉夫对Camry车进行了拆装研究，发现丰田公司给他们的车增加了许多新的附件。Camry轿车有十分柔滑的变速器，有性能极佳的多阀门发动机，车内地板采用凌志（Lexus）的那种钢丝绒与油毡多夹层减震技术。经过对Camry车的解剖研究，兰格拉夫的生产小组得到了更加先进的改进措施和设计方法。因而各部门出现了打败Camry车的新标语。

1992年年底，兰格拉夫邀请公司的最高层领导成员来视察新车的设计和研制。这次展示使公司总裁特罗特曼和其他的高级经理变成了新Taurus车的崇拜者。

然而，在新车的设计过程中，质量要求总与成本要求发生冲突。工程师认为，车身两侧从尾灯到挡风玻璃部分应当用一整块钢板，那样车身外观会更好，而且结构更加牢固，气流噪音也会减少，但这需要购置一部新的价值9亿美元的冲压机。如此巨大的开支无疑会大大增加汽车的成本，而且这也需要得到公司总部的支持。

在1992年春天的一个晚上，兰格拉夫把特罗特曼请到福特公司设计中心。兰格拉夫和设计师拉扎克提出了这件事，新的冲压机能替代现有6部50年代购置的冲压机，并将明显提高车身外壳质量。起初，特罗特曼对这一结果表示怀疑。但经过兰格拉夫耐心、有力的分析与论证之后，特罗特曼终于决定购置这项设备。这样，就大大减少了设备更新对生产和销售造成的损失。

经过精心准备和安排，1995年5月份，第一批新型Taurus试验车开出总装线。6月16日，星期五，1995年改进的最后一批车完成总装。在7月中旬的两天中，工程师们把最后一个新设备装好，从7月24日开始，工人们开始装配第一批预定1996年向市场销售的96版Taurus新车。

正是由于福特公司在追求高性能和高质量的同时，不断改进设计，努力控制成本，才使福特汽车保持了销量和利润持续增长的良好势头。

企业经营者都知道，产品的成本与质量之间存在着一定的矛盾。从某种意义上说，制造出高质量的产品，就需要支出高额的成本。因此，一种产品的质量很好，价格也很高，但从中获得的经济效益却不一定丰厚。处理好这一矛盾是关键所在。产品的成本与质量间同样存在着一个平衡点，在这一平衡点上，生产者可以获得最大的利润。例如，福特公司的兰格拉夫找准了生产Taurus车的这一平衡点，在降低成本的同时提高了产品质量，从而使福特汽车的销量与利润能够持续地增长。

丰田汽车：
精益生产方式

第一节 精益生产理念介绍

精益生产方式的兴起

精益生产，是美国麻省理工学院数位从事"国际汽车计划"的专家对日本"丰田生产方式"的美称。精，即少而精，是指不投入多余的生产要素，只是在适当的时间生产必要数量的市场急需产品（或下道工序急需的产品）；益，即所有经营活动都要有效益。精益生产方式既是一种以最大限度减少企业生产所占用的资源和降低企业管理和运营成本为主要目标的生产方式，又是一种理念、一种文化。

丰田公司是19世纪末在制造织机的基础上发展起来的。20世纪30年代后期，丰田公司在政府驱动下进入汽车工业，专门为军队生产载货汽车。在战争爆发以后，只是以单件生产的方式做出了几辆轿车的试制品后，生产轿车的工作就停了下来。在战争结束后，当丰田公司决定要全面生产轿车和商用载货汽车时，公司却面临着很大的困难：

首先，日本国内的市场很小，所需要的汽车种类却很复杂，无法从事单一品种大量生产。如果选择单一的品种进行大量的生产，采用大量生产的方式，则在国内找不到这样大的市场。由于世界上已经有着许多巨大的汽车厂商，尚且渴望在日本开拓市场，并防止日本向它们已占领的市场出口。所以日本想要走进国际市场在当时看来也很困难，且当时的日本也还不具备打进国际市场的技术和条件。

其次，日本人的就业观念与西方国家不同。尤其是在日本被美国占领以后，他们颁布了新的劳动法，从而安抚日本人求得社会稳定，新劳动法的颁布维护了人们在谈判雇佣待遇方面的权益，企业减雇裁员受到严格限制。企业工会作为全体雇员的代表在与资方交涉中地位大大提高。工会利用他们的力量代表每一位雇员，争取在他们基本工资以外，以奖金方式得到的企业，一部分的利润。

再次，经历了残酷的战争摧残后，日本经济缺乏资金和外汇，已经无法大量购买西方的最新生产技术。而日本又是一个自然资源短缺的国家。战后包括食物等资源均需从国外进口，原材料的价格远远高于欧美的价格。

当时，由于国外种种举措防止日本占领世界市场。这一点激怒了日本政府，日本政府就宣布禁止外国向日本的汽车工业直接投资。这一项禁令对丰田公司起了很大作用。因为正是这一点，使得丰田公司得以在轿车制造业中立足。

当时，日本共有12家进入萌芽期的轿车公司。日本政府便企图把它们合并成两家或三家大公司，按分工分别生产大小不同的轿车，希望以此同美国的三大汽车公司相抗衡，但却遭到了丰田、日产和其他汽车公司的拒绝。

1950年春，丰田公司新一代领导人丰田英二曾经对世界上最大而且效率最高的汽车制造厂福特公司的鲁奇厂进行了为期三个月的考察。当时鲁奇厂是世界最大而且效率最高的制造厂。丰田英二对这个庞大企业的每一个细节都做了详细和谨慎的考察。回国后与当时主管生产制造方面极具才华的大野耐一工程师一起商量，很快得出了结论：大量生产的方式不适用于日本。因为战后的日本在各方面的条件都不允许日本投资建造如此庞大的厂房和购置众多的设备。因此，需要结合日本的国情走出一条自己的新路，经过许多努力就产生了丰田生产体制并最终发展成为精益生产方式。

精益生产方式的理念

"精益思想"概括了丰田生产思想的总体特征。精益生产方式是指运用多种现代管理方法和手段，以社会需求为依据，以充分发挥人的作用为根本，有效配置和合理使用企业资源，最大限度地为企业谋求经济效益的一种新型生产方式。

"精益思想"的核心就是以彻底消灭一切浪费为基础，以自动化和准时化生产思想为两大支柱。

1.大野耐认为在生产过程中存在着八种浪费

第一，过多或过早生产的浪费。生产的超额完成，提前生产或者是过多地生产，在一般人看来是好事，但其实这是一种浪费。过剩的生产品堆积在仓库，造成了仓库利用率降低，加大了运输、资金以及利息等方面的支出。同时这种过多或过早的生产还将带来贬值的风险。

第二，等待的浪费。由自动化和准时化生产思想为两大支柱构成。由于劳动的分工过细，如生产工人只负责生产，设备坏了只能找修理工来修理等，这些都造成了流程中断、作业不均衡、生产作业安排不合理等浪费。

第三，动作上的浪费。动作设计不合理就会造成职工时间、体力的不必要损耗。一个工作人员的劳动可以分为三个部分：第一个是纯作业部分，也就是创造附加价值的作业。第二个是无附加价值但又必需的作业。第三部分就是无效劳动。根据调查显示，一个工人的劳动中，纯作业部分只占到了工作的5%，而其余的两部分则占到了95%，由此可以看出，一个工人在工作中动作上的浪费有多大。

第四，库存的浪费。很多企业认为，库存更多的产品是一种保险的行为，但是他们却忽略了由此形成的资金占用等问题。当形成库存的同时，资金都已经积压在这些库存上了，而由此形成了贷款利息。同时，有些产品由于置放过久而造成了损坏，这些又将造成一部分资金、人力等方面的浪费。

第五，残次品和返修品的浪费。生产过程中，我们会出现残次品、返修品，这无疑又是一种浪费。这些残次品和返修品的出现不仅在生产上造成人力、物力、修复等方面的浪费，还会对我们的企业信誉造成损害。

第六，搬运的浪费。这个动作在企业中是必然存在的，但是这个动作却不能为我们的企业产生附加价值。有些工厂由于物流组织不合理，造成了搬运路线较长、环节过多等，这些都会造成更多的搬运浪费。

第七，过分加工的浪费。这是指多余的加工、过分细致的加工而造成的浪费。

第八，管理上的浪费。是指在管理中没有预见性、事先没有采取措施，事后需要弥补而造成的损失浪费。

精益生产的核心理念就是消除以上的浪费，大幅度地提高生产效率，使企业的领导者和管理者可以更加清楚地掌握富余的人员，从而进行更合理的安排。

2. 精益生产的两大思想支柱

第一，自动化生产思想。这里所说的自动化生产必须是在人参与的前提下，是指人员与机械设备的有机配合。在丰田公司，有一个新的管理思想。在该公司中，几乎所有的机器设备都装了自动停止装置，也就是说，在机器正常运转的情况下，是不需要人操作的，而当机器发生异常停止时才需要人。这种自动化生产具有两个含义。一是机器自身的自动化作业；二是作业者负责监督机器不要出现问题，出现问题要马上进行解决，原则是不允许产生劣质产品。

这种"自动化"生产思想包含了两个关键点，即生产信息传递的自动化以及生产流动化。生产过程实际上就是生产信息的传递过程，丰田生产方式所追求的最高目标就是如何使生产信息在生产中准确无误地进行传递。自动化思想的目的就是消除生产信息传递过程中所出现的信息错误或遗漏现象。生产流动化是自动化的必备基础，因为只有流动化才能最终实现自动化。

第二，准时生产思想。简单的理解就是，以市场需要为前提，对市场必需的产品，在必要的时间，提供必要的数量。这一思想最大限度地避免了生产浪费现象。作为丰田生产方式的又一思想支柱，与自动化生产思想相同，准时生产思想也来源于生产实践。在生产实践中，准时化是指在装配作业过程中，装配所需零部件每到需要的时候就能以恰好的需求量送到生产线上。

第二节 精益生产的特征

精益生产方式总体呈现出适应市场变化的均衡生产特征。具体而言包括以下主要特征：顾客至上、拉动型生产、柔性生产、生产过程的一体化与信息化、生产方式的动态化以及现场主义、改善活动、尽善尽美等特征。

1. 顾客至上

这就要求企业在确定什么是价值时必须从顾客的角度出发。也就是说顾客的需要是企业在所有生产过程中都必须充分考虑的。换言之，企业所作出的决策是从顾客的需求出发，从市场的需求出发，而不是自己的主观臆断。丰田的生产体制把顾客作为第一，要不折不扣地满足顾客要求，这与为了生产者方便而生产的方式完全不同。为了达到此目的，需要建立起一套完整的生产方法与体制。丰田认为顾客可以"任意而为"。尽管用户可能对产品品质、性能、价格予以肯定，但仅仅由于交货期不能满足，就有可能更改了主意去选别的产品。

2.拉动型生产

精益生产方式在制造过程中第一个特征就是用拉动式管理代替了推动式管理。推动实施指根据在某一个时期的市场需求预测以及在制品库存算出计划生产的数量。依据各工序的标准资料，确定出生产的提前期。而拉动式管理则是指每一道工序的生产都是由下一道工序的需求拉动的，生产什么，数量是多少，该在什么时间生产等都是以正好满足下一道工序的要求为前提的。它所呈现的特点是：①出发点是建立在下一道工序的需求之上。在生产过程中，宁可中断生产，也不会超前完成生产。准时化是拉动式生产的核心。②生产指令不单单是生产作业的计划，而且还用看板进行相应的略微调整。

拉动式方法在生产过程中，具体表现在以下几个方面：

（1）以市场需求拉动企业生产。丰田公司十分重视作为生产终端的市场的变化，为了不造成产品的积压或迫使中间商推销其他的产品，避免经济上的损失，丰田公司提出了"生产卖得出去的产品"的生产原则，即市场需要什么产什么，需要多少产多少，不超前超量生产。生产计划是按照市场的需要为前提制定的。强调均衡生产，并以"看板方式"有效地控制生产节奏，呈现出市场拉动式的显著特征。

（2）为了缩短企业与市场之间的价值链，丰田公司与销售商之间建立了紧密的联系，这一点在生产计划的制订上表现得淋漓尽致。其生产计划包括两种：一是月度计划。二是每天生产计划，或称日生产计划。

（3）后一道生产拉动前一道生产。也就是说以总装配拉动总成装配，以总成拉动零件加工，以零件拉动毛坯生产，用以大幅度减缩在制品库存，消除无效劳动。

（4）以前方生产拉动后方，准时服务于生产现场。在大量生产方式中，存在缓冲环节。但是在实施了拉动式生产后，这种环节就没有了，风险储备代替了原来的保险储备。起辅助作用的后方以及相关职能部门的工作就要紧张起来，不然就会影响生产任务的完成。解决这个问题的方法就是建立"三为"体制，也就是以生产现场为中心，以生产工人为主体，以车间主任为首的"三为"体制。第一，以现场为中心，就是说生产现场是各个部门的工作着眼点、工作重心。本部门第一位的工作是解决现场存在的问题。工程技术人员、管理人员要贯彻"三现"原则，即自己到现场去，了解现场存在的问题，采取现实的措施，以稳定现场生产秩序和保证工作顺利进行。第二，以工人为主体，实行工具定置集体配备，直接送到工作岗位，而机电修理人员则驻守现场，进行巡回检查，从而达到快速修理的目的。还可以消除等待浪费造成的损失。第三，以车间主任为首，就是由车间主任把驻扎在现场计划调度、质检等各个环节的人员组织起来，建立起高效运转的生产组织体系，迅速解决现场的问题。

实施"三为"体制，通常采取两种做法。第一种做法是把现场管理和服务人员集中在厂部各职能部门。定人、定点到现场上岗服务，接受车间主任协调、指挥、考核。第二种做法是将现场管理和服务人员直接下放到车间实行封闭管理，职能部门对他们实行业务指导。

（5）以主厂拉动协作配套厂生产。精益生产方式将协作配套厂的生产看做主厂生产制造体系的一个组成部分。在协作配套产品的储运管理上，应当尽可能地采用直达送货方式，取消不必要的中转环节，这样就消除了生产过程中产生的搬运浪费。

3.柔性生产

随着时代的发展，市场的多样化及其多变性特征越发明显，顾客的要求也越来越多样化。为了应对市场变化，满足顾客的各种需求，丰田公司通过构建多品种、小批量的生产线，来彻底消除不平衡生产所造成的浪费现象。所以，丰田生产体制表现出柔性化特征，这种柔性生产大大减少了换型所造成的生产停滞的时间，且能够灵活地适应市场变化需求。

战后初期，丰田公司彻底引进了泰勒主义的标准作业理念。但是，丰田又没有采纳美国大量生产方式的做法，而是将相对复数化的作业分给一名作业人员，采取所谓"多工种"作业或"多能工"方式。

从总装线组织生产来讲，柔性生产不同于过去的生产线。大量生产方式生产的批量大、品种少，所生产的车型有限。而面对用户需求多样化，势必造成库存积压严重，并造成资本积压。精益生产方式要满足用户要求，必须采用柔性组织生产线，按接受订单的顺序约定交货期，按需要的车型生产。

柔性生产的一个关键是信息技术在整个生产过程中的应用。先进的电子学和计算机辅助生产技术不仅使工序快速变换成为可能，还可以使生产按照顾客的要求组织。信息技术在生产中的应用造成了三种趋势：①能源和原材料在生产中的重要性已由信息取代。②大量生产同一产品不再是提高生产率的主要途径。信息的快速传递允许在同一市场范围内顾客可以有不同的要求。③廉价劳动力的重要性也逐渐降低。由此，我们可以看出信息技术是柔性生产的技术关键。生产中柔性的增长会改变生产规模同成本的关系、生产与劳动力组织的关系。

4.生产过程一体化

丰田公司通过加强生产过程各种程序之间的联系以及信息化建设，实现了生产过程的一体化。在全部生产过程一体化中要求每个作业程序必须做到同步，丰田公司的准时生产体制和看板方式对此发挥了重要作用。生产过程中的产品开发、原材料及零部件采购、投入生产、产品销售及产品使用等环节形成了围绕该产品的价值链，对实现生产过程的一体化生产而言至关重要。

5.动态进化及现场主义

丰田生产方式本身就在不断进化，所谓彻底消除一切浪费、自动化和柔性生产等概念，都在随着时代发展和技术的进步而不断改进。

丰田生产方式的进化仍然是以"现场"为核心的。大野耐一曾经说过，他是一个彻底的现场主义者。这和他年轻时起就在生产现场摸爬滚打息息相关。现场主义包括了现场作业标准、现场目视管理、现场质量管理、现场工具管理、设备现场管理以及现场管理的"5S"活动。

（1）现场作业标准。在大量生产方式中作业标准通常由现场管理人员或职能部门制定。在精益生产方式中，主要由生产组长来制定作业标准，并指导操作人员遵守，在必要时还给操作人员做操作示范。

（2）现场目视管理。主要有悬挂作业标准、设立生产线停止指示灯、设置生产管理板、设立安全标志及宣传标志等。目视化管理，可以将现场存在的问题呈现在大家面前，清楚地揭露矛盾，有利于在职工的参与下迅速解决矛盾。

（3）现场质量管理。其基本观点是：质量是制造出来的而不是检查出来的，他们认为一切生产线外的检查、把关及返修动作都是不能创造附加价值的，这反而增加了成本，是一种无效劳动或是一种浪费。因此，精益生产方式不设立专职检查员，把保证产品的职能转移到直接操作的工作人员手里，实行工序质量控制。要求每个作业人员都要尽职尽责，认真完成工序内的每一项作业，精心对自己生产的零件进行质量检查。本着后道工序就是"顾客"的观点，绝不向后道工序递交不合格的物件。要做到这一点并不容易，这要求我们的操作人员有很强的质量意识，掌握工序质量控制的方法和技能，还要建立起有效地实行工序质量控制的运行体系和考核奖惩制度。

（4）现场工具管理。现场工具管理的基本要求是：组织工具的准时供应，保证工具的正常合理使用，降低工具消耗。

（5）设备现场管理。我们不能保证每一个设备都不会发生故障。在精益生产方式中，设备故障被看做一种无效劳动或是一种浪费，他们提出设备故障要向零进军，这就要求设备运行过程中尽量不发生故障，少发生故障。

6.改善活动

这是丰田生产方式在基本形成之后，所提出的减少成本的基本手段。它既包括企业自上而下方式的改善，又更注重现场改善。改善活动的一般程序是"作业改善—设备改善—工序改善—产品改善"。

7.追求尽善尽美

尽善尽美追求的是一种完美的境界，在工作中一丝不苟，不达到完美绝不罢休。没有对完美的追求，人类的进步、社会的发展就是一句空话。在企业中，我们所说的"尽善尽美"，就是"通过尽善尽美的价值创造过程（包括设计、制造和对产品或服务整个生命周期的支持），为客户提供尽善尽美的价值"。事实上，尽善尽美是永远达不到的，但丰田公司持续地对尽善尽美的追求，却使自己成为一个永远充满活力、不断进步的企业。

第三节 精益生产的方法

1.看板管理

在精益生产方式中，需要什么样的零部件以及需要多少数量，都是通过作为生产指令和取货指令的看板由后一道工序向前一道工序传递的。这样所产生的效果是在一个工厂内，许多制造过程由此被相互连接起来，而借助于这种工厂内各种制造过程的相互结合，可以更有效地控制生产，防止超量生产，消除过多超前生产产生的浪费。

看板是一种能够调节和控制在需要的时间内生产出需要的数量的产品的管理手段，是一种对各制造过程生产量进行控制以及调节的资讯系统。简而言之，看板管理就是对生产过程中各工序生产活动进行控制的信息系统。看板管理的理论依据是，工厂所进行的生产是以满足用户需要为目的的，没有用户就没有生产的必要。

在精益生产方式中，实施准时化生产不可缺少的一个手段就是看板管理。实施看板管理的条件是：①必须以流水方式为基础的作业，不适用于单件生产。②企业生产秩序稳定，有均衡生产基础，作业规程，作业流程执行良好，能够控制工序质量。③设备工装精度良好，保证加工质量稳定。④能够保证原材料、协作件的供应数量与质量。⑤实施标准作业，企业内生产布局和生产现场平面布置。

通常，看板是一张装在长方形的塑料袋内的卡片。经常被使用的主要有"生产看板"与"取货看板"两种。"生产看板"显示着前道工序应生产物品的数量。"取货看板"标明了后道工序所应领取的物品的数量。看板提供着有关生产量和领取量的信息，以实现准时生产。

而我们实施看板管理要遵循以下几点原则：①只有在必要的时候，后道工序才会向前道工序领取必要数量的必要零件。这一原则就要求我们，必须要做到不见看板不发料；领料不得超过看板的数目；看板必须跟着零件走。②前道工序应该只生产足够的数量，以补充被后道工序提走的零件。这一原则就要求我们，必须不生产超过看板上所规定的数量的零件；当前道工序需要生产多种零件时，必须依照看板送来的先后顺序安排生产。③不良产品决不送往后道工序。由于后道工序没有多余的储备，如果后道工序发现了不良品，就必须为了找出不良品而停止生产线。后道工序一旦停线必然影响准时化的执行。④看板的使用数目应尽量少。看板的使用数目，代表着某种零件的最大库存量，库存量的增加，是所有浪费的根源，因而看板使用数目应减至最少。

在取货时我们采用看板的方式，就是在装配线旁设置许多装零件以及看板的箱子。在我们采用取货看板时应该注意以下两点：①如何使用取货看板。这里我们需要做到的是取货的次数和每次取货的数量。②取货的流动。

2.快换工装

工装是指产品制造过程中所用各种工具的总称。它是保证产品的质量、发挥设备的效能、提高生产效率、降低生产成本所不可缺少的技术装备。目前，世界生产技术正处在一个不断变革的发展阶段，社会需求的多样化是这个阶段最显著的一个特征，使得多品种、中小批量的精益生产方式，在机械制造中所处的地位显得日益重要。这种形势，对我们的工艺师、工艺装备设计师、企业管理人员提出更高的要求，而快速换工艺装备就是为适应这一需要而发展起来的一门新兴的生产技术和管理技术。

缩短生产准备时间，提高多品种混流生产和多品种轮番生产的组织效率是实施快换工装的目的。以往人们多是在生产批量上下工夫，提高在多品种混流生产或多品种轮番生产组织中的生产效率，从而夺回工装更换所造成的损失。快换工装的意义在于：①可以提高设备利用率。一般在工艺设备不变的情况下，多品种混流生产与多品种轮番生产都是由更换工装来实现的。工装更换时间长短对设备利用率有着很大的影响。通常工装更换的时间越短，设备利用率越高。②有利于提高文明生产水平。快换工装的应用增加了生产批次，减少了批量，从而生产现场的材料、在制品得到大幅度压缩，保证了车间内部道路畅通，同时仓库的面积也随之增加。③有利于提高企业经济效益。快换工装的实现，避免了出现批量废品和批量过剩的现象，消除了一些在储存、搬运等方面的无效劳动和浪费，从而大大提高了企业的经济效益。④有利于提高产品质量。快换工装，要求必须有相应的技术保证。例如，标准化作业，调整和试加工是工装更换的最大难点，由于常常很难找正、调好尺寸，所以难以进行加工，容易出现不合格件。在采取必要的技术与管理措施后，快换工装就是要做到将动的东西与不动的东西在某个位置相配合，消除调整之类的麻烦事，保证产品质量的顺利实现。⑤快换工装有利于产品

更新与开拓市场。为了能够在市场中有立足之地，企业的产品就是企业
在市场中立足的筹码。为此，企业的产品就要不断更新，从而满足市场
需要。而快换工装这种生产、管理技术就是产品更新的强有力手段。

3.用五个"为什么"解决问题

五个"为什么"就是在发现问题的地方，刨根问底，追究发生问题
之源，从而做到从根本上解决问题。例如，当一个台机器出现故障时，
我们能够做到：①"为什么机器停了？""因为负荷过大，保险丝断
了。"②"为什么会负荷过大？""因为轴承部分不够润滑。"③"为
什么不够润滑？""因为润滑油泵吸不上油。"④"为什么吸不上
来？""因为油泵轴磨损，松动了。"⑤"为什么磨损了？""因为没
有安装过滤器，粉屑进去了。"在我们进行反复追问上述五个"为什
么"后，就会发现需要安装过滤器。如果"为什么"没有问到底，换上
保险丝或者换上油泵轴就了事，那么，几个月以后就会再次发生同样的
故障。而丰田生产方式正是在丰田人在反复问五个"为什么"后，积
累并发扬科学的认识态度，才创造出来的。通过自问自答这五个"为
什么"，我们就可以查明事情的因果关系或者查明隐藏在背后的真实
原因。

"为什么丰田汽车工业公司里，一个人只能管一台机器（而丰田纺
织公司里一个青年女工却能管四五十台织布机）？"提出这个问题，就
得到解答："因为机器不是加工完毕就停转的。"由此便得到启发，从
而产生了"自动化"的想法。"为什么不能非常准时地生产呢？"提出
这个问题，便会得到如下的回答："前一道工序出货太快太多。不知
道造出一个要几分钟。"这就使我们得到启发，产生了"均衡化"的想

法。"为什么发生过量制造的浪费？"对这个问题，我们得到了这样的回答"没有控制过量制造的装置"，于是便产生了"目视管理"，进而引出了"传票卡"的设想。精益生产方式的核心是彻底杜绝浪费。而"为什么会产生浪费呢？"问题的提出，就探讨了企业继续存在的条件，即利润的意义，甚至于对人的劳动价值的本质也自问自答了起来。大野耐一曾说过，就生产现场而言，他十分重视"数据"。但那时他更注重"事实"。发生问题后，如果不多问，不刨根问底，追查不彻底，那永远找不到问题的源头，只会一直停留在表面，那么这个问题会反复发生，从而导致各种浪费。正是反复提出五个"为什么"的做法，才产生了精益生产方式，才有了丰田今天的辉煌。

4.有效地利用作业人员

面对成本的问题，加上世界小型车大战的日益激化，考虑到企业规模的不理想状况。丰田公司进一步加强了对人力资源的有效利用。

（1）"作业者多能化"。这是丰田公司独创的对生产现场的作业人员有效利用的一种方法。由于精益生产方式是通过彻底消除浪费来提高生产率的。因此，为了消灭浪费，丰田公司对浪费现象进行了彻底的分析，并进行了作业改善，不断修改作业标准。当产量减少时，实行"少人化"制度。从技工的角度来看，这意味着标准时间、作业内容、范围、作业组合、作业顺序等的变更。而技工达到的最理想的状态就是能够熟悉工厂中的所有工序，也就是说作业者可以从事多重技能、工序。因此可以称之为"作业者多能化"。

（2）设备的U型单元式布置。多能化作业者与设备的单元式布置是紧密联系的。U型机械配置是利用多能化作业者实现"少人化"做法的有效手段。在这一设备的单元式布置中，多种机床是紧凑地组合在一起的，这就要求在该单元进行操作的作业人员能够熟练操作每一种机床，同时能够负责多种工序。

松下幸之助：

享誉世界的三大成功学导师之一

第一节　成就松下伟业的要素

1. 培养率直的性情

有率直的心胸，才能站在事实的基础之上，看清事物真相，找出应对的方法。松下认为人之所以不能做到旷达无私的重要原因就是缺少率直的心胸，因为此常会被自己的欲望、利益或立场所支配，不能明辨事物的真相，甚至与他人发生冲突，使彼此都感到痛苦。为了避免上述情形，每个人都要培养率直的心胸。率直的心胸是指没有私心、乐观天真并且不受主观、物欲所支配，实事求是地探索事物真相的一种态度。有了率直的心胸才能坚持真理，明辨是非，并探索出为人处世的方法。

倘若每个人都有率直的心胸，则每个人都能找到适合自己的路，这样不仅会使自己的生活充满光明，同时社会将会变得更有活力、更有秩序。总而言之，率直的心胸可以将人类的聪明智慧，导向正轨，用光明磊落的态度处理事物，不歪曲事物的真相，以坚定的信心采取正确的行动。

人类是过群体生活的，所以，每一个个体的努力，都会影响到社会的进步；每一个个体的身心健康是社会健康发展的基石，也会影响到社会健康的发展。可见，个体与社会，休戚与共，这是人类的一项特质。对于人类该如何发挥这项特质，松下认为，一定要有率直的心胸，要以无私豁达的胸襟来实现人生的真正意义。那么，如何培养率直的心胸呢？松下认为，最便捷的方法就是随时提醒自己：率直的心胸是与生俱来的，是我们最宝贵的天赋。因此只要我们有意识地不断检视与改善自己的日常行为，每一个人都能自然地流露出率直的心胸。率直是人际关系的和谐剂。失去率直，就会引起人与人之间的对立、纷争、误会、猜疑、排挤等紧张关系。只要每个人都能用率直的心胸来待人接物，那么身心将会更健康，大家的物质和精神生活都将更丰富，生活质量将会更加提高，整个社会将更趋和谐。

松下总是说率直心胸的优点就是知道应该做什么。有了率直的心胸，一定能够知道自己应该做什么，也一定能够克服困难，完成自己的使命。松下曾经为员工讲过日本著名的武将丰臣秀吉的故事。

丰臣秀吉曾经是织田信长手下的一名得力干将，在他率军去中部征服强悍的毛利时，他的主君织田信长被叛将明智光秀杀害在京都附近的本能寺。在听到父亲被害的消息后，信长的四个孩子采取了不同的行动，长子信忠马上出兵为父报仇，可惜不是光秀的对手，战死沙场；次子信雄和在大阪的三子信孝见此情况，为保存自己的实力，按兵不动；四子信胜是秀吉的养子，他一直在等秀吉的命令，也采取了等待的态度。信长的部下见主君的儿子们都不急于报仇，也都按兵不动，持观望态度。可是，秀吉却不同，他虽然在最远的地方跟强敌作战，但是一听到主君被杀的消息，立刻与敌人缔结和约，举兵返回为主君报仇，这种举动顺应了当时忠孝的道德标准。秀吉一鼓作气将光秀打败，并获得了人心，最后平定了天下。

秀吉之所以能顺利取得成功，是因为他的行为是基于道义，他感激信长的知遇之恩，为此才不顾危难地为其报仇。如果没有率直的心胸，他怎么可能做到呢？没有率直的心胸，秀吉也会像信长的二子、三子那样患得患失，错过最佳时机。

我们每一个人都应该秉持率直的心胸，抛弃私利、克服困难，完成自己应该做的事；而只要有这种观念，即使再大的困难也一定能克服。

2. 把握人生，艰苦奋斗

当被问及在创业时有什么艰苦奋斗的经验或有什么难忘的事时，松下说，在他创业之初，只雇佣了几十个人，其中有一个人曾有过犯罪前科，他一面为这个人的品行担心；一面又怕这个人被解雇后失去生活的依靠，为此晚上常常失眠。有一天，他在思索这件事时，忽然有所顿悟：其实比起记录在案的犯罪的人，那些犯轻罪逃脱法律制裁的人要多得多，这些人生活在全国的各个角落。政府虽然加大了打击犯罪的力度，不断地将犯人送往监狱，但犯罪的人似乎一点儿也没少。而作为一个工厂主，要想防止犯罪简直是不可能的。因此，还不如乐观一点儿，允许那人在厂里做事，说不定他会从此就改过自新了呢。今回顾起来，松下认为自己并没什么艰苦奋斗的经验，只有这件事仍然记忆犹新，感触良多。其实，今天松下取得令人惊羡的成就，肯定与他当初的艰苦奋斗是分不开的。他之所以不觉得有什么艰苦奋斗的经验，那是因为他在夜以继日地努力工作中时刻怀着美好的希望，将劳累和辛苦都融化掉了。

能够心甘情愿地站在危险面前，成为"众矢之的"该有多大的勇气啊，这样的人会令我们肃然起敬。当然，现在年轻人当中有些爱冒险的人，为了猎奇可能也会站在危险面前，但是这种心态与我们刚才谈到的心态是不同的，后者是真正的敢作敢当。这种敢作敢当的人，遇事绝不会退缩不前，遇到困难时，肯定会迎难而上，很快地作出决断。这种精神在今天的社会中是非常值得提倡的，敢作敢当才是大丈夫。

3. 贵在热忱

松下曾对他的员工说："各位今天已进入本公司，无法再改变了。虽然不知是祸是福，但总是有缘，若是对公司有任何埋怨，尽管向公司反映，避免在外人面前批评本公司。到别的地方，希望能说'松下电器是个好公司'。对公司有任何不满，尽量向公司反映，到别的地方请这样说：'我的公司非常努力，或许也有不尽理想之处，但是每个员工都很有默契，很卖力地在干。'"

4. 坚持信仰，寻找真谛

松下一有机会就对他的员工说："你们要打消'我们是为了领薪水而工作的员工'这种观念，而用'我们是经营这个行业的主人'来代替。譬如说，一个人负责财务的工作的话，就要有'我是公司里财务会计的经营者'的想法。"这样一来，为了促成自己业务的发展，员工会不断地下工夫的。如果业绩能因此提高的话，员工会觉得自己在成长，在公司里的地位提高了，受人瞩目，因此天天能以欢悦的心情，有干劲地工作。

把自己当做主人，周围的同事和上司就等于是促进业务的客户了。这样的话，你就得替客户服务了。我们去商店买东西时，店主会出来招呼，说："欢迎光临。"有时店主会把椅子推过来，说："请坐下吧。"你可以对你的上司和同事做同样的事。

把自己的创意和构想提炼之后，向同事、课长、部长，甚至向会长推荐。要诚心强调"这个东西很好，对你很有用"，来说服他们。如果你用这种方法不断地去接近你的同事、部长的话，他们终究会说："既然那么好的话，我们用一次看看好了。"你的构想就会被采用了。这么一来你的业务就能不断地发展，就你能体会真的工作乐趣了。如果这种自主的想法在全体员工中普及时，我想会使公司业务兴隆，使全体员工欢欣鼓舞。

第二节　水坝式管理

对于经营方法，松下提出过一种"水坝经营法"。让河川的水流失而不能发挥价值是很可惜的。不但如此，如果一下子水流暴涨，泛滥成灾也不行，然而干旱缺水也不行，所以在河川适当的地方建造水坝，调节河水流量，又可利用来发电。上天所赐的水，一滴都不能浪费，而要有效地利用它。公司的经营也可以应用这个道理，经营上也需要有个水坝。

在企业的运用中，松下所言的水坝式经营法，就是指在一开始的时候就先将设备增加一成或两成，也就是我们所谓的那种平时安定经营的一种状态，这样当面对经济或者需要的变动时，我们不会出现物品不足的尴尬局面，从而导致物价的上涨，到那时只需要开动我们已经增设了的那些设备就足以应付现在的问题了。反之，如果面临生产过多的问题时，我们只要将设备多的一部分停掉就可以了。这就好比把水库多存的那部分水，慢慢地放出去一样，这是极为安全的。那么什么是最理想的标准呢？松下认为，设备中有九成正常操作就可以了。而在日本，就是常把需要估计得过高，而依据这种不准确的估计，很勉强地将设备扩充，所以想尽量开动所有的设备，使它全数操作，否则不够成本。大部分是这样的经营法，这不能算做"水坝经营法"。松下曾在关西地方事业本部主办过一次研讨会，对经营方面提出两个建议，其中一个是"水坝式经营"，另一个是"切实经营"。

如果想要使经济效益得以有效发挥，那么就必须做到企业意识与经营方针相互配合。对工作努力后的结果，是成功或失败，不外乎于经营者的指导是否适宜。这就要求经营者认识到自己的重大责任，对每件事情以及决策都必须深思熟虑，而对于每位员工，如果只顾完成各自分内的工作，那是远远不够的。必须在尽力工作之余，让他们的企业意识也得到充分的发挥。不论任何工作，只要企业意识与经营理念能相互配合，就会产生经济效益，并有创新的发现。松下所说的"经营秘诀，万金不换"，并没有夸大之意，他只是告诉我们在真正懂得了经营的秘诀后，那么赚钱并不是多难的一件事情。

修筑水坝的目的是拦阻和储存河川的水，因应季节或气候的变化，经常保持必要的用水量。如果公司的各部门都能像水坝一样，那么即使外界情势有所变化，也不会受到很大的影响，仍能维持稳定的发展，这就是"水坝式经营"的理念。设备、资金、人员、库存、技术、企划或新产品的开发等，各方面都必须用水坝式的经营方法来发挥功能。也就是说，经营上的各方面都要保留宽裕的运用弹性。不管怎样，如果公司能随时运用这种水坝式的经营法，即使外界有变化，也一定能够迅速而适当地应付这种变化，维持稳定的经营与成长，这就像水坝在干旱时能借泄洪来解决水源短缺一样。大家需要明确的是，"设备水坝"或"库存水坝"并不是所谓的设备闲置或库存过剩。如果一个企业预估它的销售量，并依据这一预测来购置设备和决定生产量，却因为卖不出去而有库存，设备也没有完全利用，这和"水坝式经营"是根本扯不上关系的。这是估计错误所造成的，这种剩余是不应该发生的。松下提出的水坝式经营，是基于正确的估计，事先保留10%或20%的准备。

在各种水坝式经营中，最应具有的就是"水坝意识"，也就是在心理上要树立这种意识。如果能以水坝意识去经营，就会配合各企业的形态而拟定不同的"水坝式"经营方法。只要能遵循这种方法，随时做好准备，能宽裕地运用各项资源，企业不论遇到什么困难，都能长效而稳定地成长。

松下不仅担任松下公司的社长，同时还兼任好几个公司的职务。有一次，他应邀参加一个经营者的经验讨论会。轮到他发言时，他说："最近我的做法是，尽量不去记忆与工作有关的事，更不愿意去了解各部门的专业知识。"讲完后，每个人都很吃惊地追问他："这怎么可能呢？经营者如果对本身业务，不记忆、不了解的话，那怎么使公司顺利经营呢？"实际上，他们的疑问，并非没有道理。因为在一般人的观念里，作为一个经营者，必须时时刻刻注意搜集资料，作为参考，以便下定决心让部属去执行。所以，决策必须要精确无误，才不会对公司造成损害。而在这种要求下，经营者对公司的情形、产品以及制作技术，都应该涉猎。尤其当公司规模越来越大，产品的种类越来越多，营业额越来越大，管理制度也越来越精密的时候，经营者必须具备的专业知识，就要临更严格的考验。所以，如果不对生产部门的事情有所了解，那怎么能完成任务呢？

因为松下知道，如果自己是一个略通业务和事业知识的人，在需要决策的时候，肯定会非要弄清楚来龙去脉不可。而这时万一部属的解说，又和他的看法不同，其实自己的见解不如部属全面，因为自己的专业知识有限，可是却因为自己是最后的决策者，往往会要求把建议搁置，再做研究，这样，很可能错过经营发展的最佳时机。这就是因为经营者知道太多反而误事的例子。

当然，像松下这样经营，最基本的条件就是各部门的负责人都要具备相当水准的知识和经营头脑。在他们提出一项建议之前，已经经过审慎讨论，确实可行才提交到他面前。所以，他认为，除了刚进公司的新人外，在经营决策层的重要主管，大部分都已经有丰富的经验和精深的专业知识。一旦建议经过他们讨论获得最后通过后，应该是没有问题的。如果再表示意见，就显得多余了。

第三节 松下竞争策略

　　随着科学技术的飞速发展，我们企业将会面临更大的竞争，同时我们也会面对更大的诱惑，为了在社会中占得一席之地，我们的企业或许就会采用不正当的竞争手段。殊不知促进我们事业成功的绝对因素在于正当的竞争。事业的成功在于我们具有良好的竞争心理，拥有正当的竞争精神，这些才是督促我们向上的动力。不具备这种精神的人，就好比没有热情的人，对人对事，他都将会一无所成。经营事业或者做生意本身，就如同面临真枪实弹的战场，如果没有奋战到底的精神，最后总要败阵，全盘皆输。我们必须要强调的就是在这个战场上，我们必须是光明磊落的，我们不允许陷害或中伤他人的行为出现，强烈谴责只顾自己的自私行为。企业在竞争中必须是堂堂正正的，这才是一个成功企业应该具备的素质，同时也是必要条件。

　　这就要求我们企业在经营中必须具备一种不为竞争而竞争的思想。我们应该是通过竞争，对我们的企业经营乃至人生都有了新的认知。经营事业也可以这么说，无论什么时候，企业都在激烈竞争的漩涡中，为了不在竞争中落后，必须将对方经营者的想法、动向摸得一清二楚。"遇到这种情形的时候，这个公司一定会采取这样的对策，那个经营者的想法一定是这样……"事先有心理准备，公司就有应变的措施。如果等对方采取行动才来研究对策，在这个变化多端、竞争激烈的时代，是注定要落伍的。我们必须要步步占得先机，也可以用中国的一句老话来概括，那就是：知己知彼方能百战百胜。

松下曾有过这样一段经历感言：

不久前，我应邀参加了北海道的经销店大会。会上不只是经销店的有关人员，在北海道和我公司有关的人员也来了不少，大多数都是从非常远的地方来的。我在那些人面前，就有关生意以及社会问题等我日常所想的事谈了将近一个小时。这次我同样也谈到了每次来北海道都一直难以忘记的一件事情。

事情是在四十年前，那是松下电器公司第一次制造出了电灯泡并且准备在北海道销售的事。我把电灯泡的样品寄给北海道的批发商及一部分有力的零售店后，立刻赶到了这里与他们相聚，恳请他们可以销售那批电灯泡。可是那些批发商和零售商都异口同声地说："那电灯泡虽然做得相当不错，但是和超一流厂家的商品比较就稍有逊色，所以应该降低售价，或者等不比a公司逊色的制品出来时再说吧。"

当时，我听到这些话以后也认为言之有理，在当时甚至我自己都不认为当时的灯泡是最好的。那是刚完成的东西，老实说，是不能与超一流的产品比较的。可是我却没有直接说"他们说得都有理，我们也没有办法了，等以后我们造出更好的电灯泡，再请你们销售吧"这样的话，相反，我说："各位说得很不错。可是，如果现在各位不买下这些电灯泡，今后松下电器公司就是想研究、制造更好的电灯泡也没有办法了。现在和超一流的比起来，也许有些不如它们的地方，但如果各位能帮忙，将这些灯泡买下来，那么，我们就可以在以后生产出更好的灯泡来。我空口说这些，只是希望各位能够了解到，对一个企业而言，培养制造商是一件多么重要的事实。"

"目前在许多电灯泡公司中，只有一家可以说是首屈一指的，属于横纲级。如此一来，电灯业是不容易发展的。如果相扑只是一位横纲也不容易旺盛，因为没有看头，观众就不去看了。可是，如果有二位横纲，而且都非常有力，根本无法预料谁胜谁负，这样相扑才会吸引人，才会受欢迎。所以我请各位让我来当横纲吧。虽然我目前处于一个相对劣势的地位，但是请相信这并不是我以后所要走的路，我不会永远在这个位置一直停留，各位给我一些时间，严格地培养我们，我相信我一定会成为大家心目中的横纲"。我诚心诚意地诉说。

结果可想而知，我获得了满堂的喝彩。同时他们真诚地对我说："多年来没有人这样说过。既然这么说，我们就销售松下电器的电灯泡吧。"我也了解这种诉求是最好的，但对当时技术还不够完美的松下电器公司来说，不得不这么做。而且，当时产业界只有一家公司的产品特别好，就不容易进步发展。因此，我就凭借在以后我一定会生产出全世界最一流的产品这个信念，以及想要改变产业界，从而为我们大家带来繁荣与发展的愿望，才会如此诚恳地请求他们。

第四节 松下式人才观

何为人性？我们都明白一个简单的道理，那就是当人们聚在一起时，就会自然形成一个团体，在一个大的团体中势必会存在许多小的团体。这就是我们所谓的人性，其实我们没有否定这个说法。而派系的存在，正是一群人为了达到一个共同的目标从而形成团体。因此，我们必须清楚地知道，派系是不可消除的，它有存在的必要性。但是如何做好派系的协调工作，充分发挥派系的作用呢？

在这种情况下，"和"的精神是非常必要的。目前各地都在提倡和平，联合国也在世界和平的目标下开展各项活动。但是世界各地的战火仍然绵延不断。尽管后来成立了联合国，但是不论派出监视团或部队，效果仍然不佳。

和平需要靠大家的理解和努力才能获得。今天的联合国也是如此，它的精神早在一千多年前的日本宪法第一条中，就已经写得一清二楚了。第一、第二次世界大战之后，大家有前车之鉴，所以成立了联合国，这点跟圣德太子当年所说的"和为贵"的精神可以说是不谋而合的。

企业要高效、快速地发展就要提高技术，而提高技术，不但要有强烈的求知欲，还要员工彼此和睦。

如何才能提高技术？基本条件也许很多，但最重要的还是技术人员要有自我钻研、自我养成的强烈欲望。和往昔不同，今天只要你有这种强烈的上进心，到处都有可以帮助你的机构。

希望各位留意"人和"问题，没有"人和"，是无从发挥真正的技术力的。这一点，做主管的，除了培养部属自主的精神外，也要谋求人事方面的调和。人生是段长的旅程，难免会遭遇失败和挫折。在公司业务的推动上，从普通职员到课长、部长、社长，没有一个人能保证绝不犯错，虽然有严重性的差别，但失败的滋味是每个人都得尝试的。可是有些人不明了这个事实，一味地害怕失败，或是在失败时拼命推卸责任，找借口归咎于别人，其实这是极其错误的行为。我认为失败时最重要的问题不在于找出谁是谁非，而是立刻把责任承担起来，并谋求减轻损失之道。归咎别人绝不是办法，因为失败的结果不只是犯错者一人受害，整个公司，甚至国家社会的繁荣，也都会受到影响。

因此，在日常工作中一旦有"我只要做好这件工作就行了"的消极想法，对完成自己分内的工作没有兴奋的感觉，或没有认定尽责任的价值，那么做事就很难成功了。**领导者最需要教导员工的，就是帮助他从工作中体会乐趣和发现价值。如此，才能激发员工的责任感，带动他们的实践意志，进而提高工作成果。**这也是当今世界上有成就的伟大人物，一定都具有责任感的原因。

这种负责任的态度也适用于公司的经营。我们必须认识企业团体对社会负有责任，所以只顾自己赚钱的公司，或对社会责任漠不关心的公司，都会对社会造成危害，而且不可能有太大的发展。企业家最不能缺少的，就是和社会共存共荣的诚意。

就事论事，没有私心的严格要求，不但能改革公司，也会受到部属的尊敬。

企业经营者用人，主要靠人的聪明才智，贡献社会，造福人群。所以，一定要赏罚分明，明辨是非，不可以稍有私心。支派部属从事任何工作，不应该只顾私人的利益，而该着眼于公司长期发展。如果经营者能体验到这层道理，才能产生正确的用人态度。那就是：有时必须责备，甚至处罚员工。虽然，责备和处罚往往会伤害到当事人的尊严，骂人者和被骂者心里也都不好受，但是企业既然是属于社会大众的公器，用人也应该是公务而不是私事，所以处理公务就不该掺杂私情，完全要以社会公义为中心。对于员工犯的错误，不只当做损害经营者的利益，也要看成是违背社会责任。所以该说就要说，该骂就要骂，该处罚就处罚，这样才能促使整个人事组织发挥强大的潜力。

在企业的飞速发展中，对于员工在士气上的鼓舞也是十分重要的。将公司的理想告诉员工，让公司的理想成为他们为之奋斗的目标，增加他们的使命感，鼓舞士气，促使企业快速发展。在松下担任社长的时候，会经常寻找机会向员工讲述在以后几年中，他希望将公司可以发展到哪一个地步的想法。

松下始终坚持着一种想法，那就是经营者首要的任务就是，向员工提出目标，让他们的心里有梦想。如果做不到这一点，那么这个经营者就不能说是一名称职的经营者。

而在对人才的追求方面，我们也不能操之过急。除了耐心培养、细心观察外，其余就只有靠命运的安排了。每一种行业、每一家公司的负责人，都希望能收获世界的一流人才，服务于自己的企业。但除了一小部分比较幸运的主管，可以招聘到好部属之外，多数的经营者都无法实现这个愿望。也正是这样，很多人都在都感叹一才难求，同时还将自己失败的责任，归咎到缺少人才上。固然每个经营者都渴望得到人才。我想除了积极寻求人才的努力之外，在这个方面我们还是需要靠一点"运气"的。

如果能够得到一个同自己心意相通的人的帮助，可以说是一件让人为之高兴的事情。但是相反的，如果遇见观念作风和自己格格不入的人，也无需懊恼。一般说来，在十个部属中，总有两三人是和我们非常投缘的；六七个见风转舵的；当然也难免有一两个抱着反对态度的。也许有人认为部属中有持反对意见的，会影响到业务的发展。但是在松下看来这种想法就是多余了，其实适度地容纳一些不同的观点，不但不会影响工作的开展，反而可以促进工作更顺利地进行。

在提拔年轻人时，不能仅限于对他进行职务上的提拔，还应该给予支持，帮他建立威信。我觉得这点很重要，如果不注意这点，公司的业务将无法顺利地推动，提拔人才的困难也会较多。由于依年资升迁已成惯例，格外大量地提拔人才也比较难。但有时却必须提拔某个人，让他充分发挥能力。处理这类事情时，要非常慎重。

人事提拔时，我们不可以徇私。不可以依据个人的好恶。而是要以"能否胜任"为准则。这是一个基本条件。我们不能说"这个人是很能干，但是却令人讨厌"。也不能说"他虽然没有什么本事，却是我欣赏的类型，就委以重任吧"。要把情形搞清楚，虽然心里讨厌他，但是这件事除了他以外没有第二人送，就只好向他低头。松下认为经营者应该彻底地做到做好这一点。

这是人事工作上的一个基本要求。唯有以这样不徇私的态度，才能够获得其他员工的支持与协助。

第五节　松下式企业精神

松下认为，公司经营好比人的一生。小时候起码不要危害到社会，长大了就要负起贡献社会的责任。个人的存在即使不能有利于社会，也至少不能危害社会，这是他第一个被允许存在的理由。

伴随着公司的成长，我们的企业将会逐渐拥有数百甚至数千名员工，而不危害社会就是我们这些企业存在的唯一理由。其实仅这一条理由也是远远不够的，如此庞大的企业，我们不但不能够危害社会，还应在一些方面为社会作出应有的贡献。只有具有了这样的经营理念，我们的企业才可以说具有了存在的价值。如果公司大到员工有几万人，则该公司的举手投足都足以给社会带来很大的影响。所以经营的基本方针，应该是要对社会有用才对。而在基本思想上，大体上可以分为三类，公司小时至少要不危害到社会，中型公司则多少还应该具有被社会欢迎的成分。到了大公司，基本上对国家、对社会要有明确的贡献方针才行。作为一个企业的经营者，我们首先要考虑到的就应该是这些问题。能够有所发展的企业，必然是对这一点上有着充分的认识与理解的企业，同时抱有一种强烈的责任感与使命感。

通过一次对某个宗教团体总部的参观，松下联想到了自己的事业——正派的经营方式，进而又想起整个业界的经营现状，不觉对宗教与商业两者的经营与管理问题，深加思索起来。这个宗教的宗旨是：引导多数烦恼的人脱离苦海，指导他们安身立命，然后享受人生幸福。我们事业的宗旨则是无中生有，即创造社会财富。自古以来，消除贫穷就是人生的神圣事业。因为生产可以帮助人类生活趋向富裕与繁荣，自然也是神圣无比的使命。人类生活在精神上所求的是心安，对于物质上的要求则很丰富，两者互相配合，才有进步、有幸福，可以说二者缺一不可。如果精神安定，但物质缺乏，维持生命就会发生困难；如果物资丰富，却无充实安定的精神生活，就没有生存的价值与幸福了。

在以前，松下会直接参与到产品的生产中，当每次将产品向代理商们展示时，只要他们看过后就一再说："松下，这是您苦心钻研出来的产品，对吗？"这就肯定了松下先生的劳动，松下就会感到非常高兴。这种意识，并非是金钱上的收获，而是对于辛苦劳动后被予以肯定所产生的感激心理。这种感激的滋味，让劳动者感受到了自己的付出是有所回报的。如果全体员工都能做到这一点，那么在他们享受这种感激意识时，也就是松下电器真正发扬"以生产报效国家"精神的时候，也就能获得稳固的社会信誉。

松下先生曾经为他的下属讲过这样一个故事：

在江户的花街柳巷——吉原，和京都的岛原、大阪的新町一样，是武士与商人们的一大欢乐街，非常热闹。在吉原有着多达数百名的艺妓，其中属于最上等的艺妓叫"大夫"。在大夫之中，有一位具有十万名诸侯地位的"松之位"艺妓，她就是当时名扬天下的"高尾大夫"。"松之位"具有相当的权威，因此，"高尾大夫"所接的客人都只限于诸侯或富商巨贾，是一般武士与商人高不可攀的一朵花。她通过严格的自我修炼而精通各种技艺，同时也很懂情趣，还会做诗，还具有很高的教养。她经常带着穿戴华丽的随从，在"道中"旅行，总是招来许多人观赏。

有一天，一位名叫老久的年轻染房工匠，为了能够一睹她的风采，便探出身子静心等待。不久耀眼的道中行列出现，高尾大夫用大夫独特的内八字慢慢走向这边。不久，她的美貌容姿就近在眼前了，老久看到后目瞪口呆，一动也不动。他的同伴敲着他的肩膀说："老兄，你如果爱上她，就去找她呀，她虽然是有地位的松之位大夫，但毕竟是个妓女，只要有钱，任何人都可以跟她做上一夜夫妻的！"听同伴这么一说，老久才苏醒过来，认真地问："大约需要多少钱？"同伴回答说："老久，这可不是个小数目，我看，总得十五两黄金吧。"十五两黄金？这对于一个染房工匠来说是三年才能够攒够的，并且还要勒紧腰带，省吃俭用拼命地工作才可以换来。

但是令人想不到的是，在三年之后，老久确实储蓄了十五两黄金。虽然是在任何人都可以自由召大夫的吉原，但以他染房工匠的身份来说，还是吃不开的。因此，他就请一个在老板家进出的医生当"棒场的人"才如愿以偿，终于跟高尾大夫相会。临别时大夫说："请再光临。"他竟然回答："我得再等三年才能再来一次。"大夫听后觉得很奇怪，再三追问后，老久便如实相告了。高尾大夫听了大吃一惊。为了想跟她共度一宵，竟然苦了三年，被他的诚实、纯真感动的她说："我这里的年限一满，就嫁给你。为了表示我的诚意，我将储蓄的三十两黄金，交给你代我保管到那时。"于是将三十两黄金交给他。当时的大夫都以高尚的地位为骄傲，对象自然以诸侯或巨贾为多，然而这位高尾大夫却被染房工匠老久的诚实所感动。听说，后来顺利满工的她果真和老久结婚，夫妻二人同心协力，创立了全江户第一的染房。

在松下看来，老久把别人认为无聊的事，认真贯彻到底，实在有勇气、有胆量、有恒心。人生有超越得失的一面，对自己所决定的"目标"，无所畏惧地勇往直前搏上一把又有何不可。

松下在工作中就会经常将自己的工作、企业与社会的进步紧密地联系起来。其实我们万万不可小看企业的任何一项发明，这些方面不只是单纯的赚钱的手段，它们也是促进技术进步、经济繁荣和国民福利的工作。随着公司的成长，松下把技术部门交给专家去研究，专心负责公司的经营。最近，实用新案及专利权的申请，每年大约有一万三千件了。于是成立了一个专门的机构，负责发明案件的检讨，专利与实用新案的申请及管理事项。

松下曾与飞利浦这样的大公司有过技术方面的合作，为了这个合作，飞利浦还十分详细地调查松下公司，因此花费了非常长的时间，才使得合作成功。如果想转移技术，而这边没有接受的条件、环境与能力，那就不好合作，所以做严密的调查是必要的。幸好松下做的准备工作都符合他们的要求，所以合作才能成功。相反的，有些公司不管你有没有接受条件的能力，只要你付出权利，他就愿意合作，这样的合作，往往会碰到很多难题而告之失败。

其实，松下在最初的合作中，也遇到过不少难题。历经重重困难，使得松下对于如何经营松下电器公司，深有体会。松下说："经营的诀窍就是我检讨它、知道它之后，便能大干一番事业。这样我会有一种安全感，即使人类只剩下五万人，我也有信心再干下去。一旦有了这种安全感，就能变成一股无限力量，产生飞跃性的成果。"

TIPS
小贴士

　　面对瞬息万变的大千世界，我们所要面对的灾难是不可以预计的，但是面对灾难，如果我们能够将灾难带来的损失降低到最低程度，那么这位经营者就可以说是成功的。